广西高等学校人文社会科学重点研究基地：区域社会管理创新研究中心资助

跨域公共危机整体性治理研究

韦　彬　著

知识产权出版社
Intellectual Property Publishing House
全国百佳图书出版单位

图书在版编目（CIP）数据

跨域公共危机整体性治理研究 / 韦彬著. —北京：知识产权出版社，2019.3
ISBN 978-7-5130-5746-2

Ⅰ. ①跨… Ⅱ. ①韦… Ⅲ. ①公共管理－危机管理－研究 Ⅳ. ①D035.29

中国版本图书馆CIP数据核字（2018）第186363号

内容提要

本书尝试将整体性治理理论这一源自西方的公共管理理论融入我国跨域公共危机治理研究当中，为跨域治理提供理论依据和实践导向。书中主要针对跨域公共危机治理中的碎片化问题进行阐述，深入分析跨域公共危机治理中碎片化问题产生的根源，进而构建跨域公共危机整体性治理路径。

责任编辑：李小娟　　　　**责任印制**：孙婷婷

跨域公共危机整体性治理研究

KUAYU GONGGONG WEIJI ZHENGTIXING ZHILI YANJIU

韦彬　著

出版发行：	知识产权出版社有限责任公司	**网　　址**：	http：// www. ipph. cn
电　　话：	010－82004826		http：// www. laichushu. com
社　　址：	北京市海淀区气象路50号院	**邮　　编**：	100081
责编电话：	010－82000860转8531	**责编邮箱**：	lixiaojuan@cnipr.com
发行电话：	010－82000860转8101	**发行传真**：	010－82000893
印　　刷：	北京中献拓方科技发展有限公司	**经　　销**：	各大网上书店、新华书店及相关专业书店
开　　本：	720mm×1000mm　1/16	**印　　张**：	11
版　　次：	2019年3月第1版	**印　　次**：	2019年3月第1次印刷
字　　数：	151千字	**定　　价**：	69.00元

ISBN 978-7-5130-5746-2

前　言

我国处在经济转轨和社会转型的深刻变革当中，面对日益严峻的社会竞争，各种社会矛盾和冲突也日渐凸显。公共危机治理俨然已经成为学术界和实践部门关注的焦点。对公共危机进行及时且有效的治理是事关经济持续健康发展、政治和谐稳定的重要因素，也是提升政府公信力的重要举措。

目前，在公共危机的研究领域，对跨部门和跨层级的跨域公共危机治理的研究关注不足。而跨域公共危机的特殊性决定了单一政府组织采取单方面、单向度的治理是很难取得治理绩效的。因此，本书尝试以英国学者希克斯率先提出的整体性治理理论作为跨域公共危机治理研究的理论工具对跨域公共危机治理进行深入研究。整体性治理理论主要是解决跨部门、跨层级的碎片化和棘手性难题的，它强调协调、责任、信任和整合。本书尝试将这一源自西方的公共管理理论融入我国跨域公共危机治理研究当中，为跨域治理提供理论依据和实践导向。

本书主要针对跨域公共危机治理中的碎片化问题进行阐述，深入分析跨域公共危机治理中碎片化问题产生的根源，进而构建跨域公共危机整体性治理路径。全书共分为六个部分，主要内容如下：导论部分主要对本书的研究缘起和研究意义进行了说明；对国内外关于公共危机和跨域公共危机，以及整体性治理的研究状况进行综述和分析；在此基础上阐述了本书的研究内容、研究方法，以及可能的创新。第一章是从理论层面分析、探讨作为分析工具的整体性治理与作为研究对象的跨域公共危机治理，以及二者间的契合性。首先对核心概念进行了界定和诠释。其次，对本书研究所使用的分析工具——整体性治理理论进行了梳理及阐释。最后，从实践维度和理论维度对整体性治理与跨域公共危机治理的契合性进行了分析。第二章对公共治理的三种模式进行了阐述和比较，并基于整体性治理的视角对三个样本进行了描述与观察。第三章对我国跨域公共危机治理的碎片化问题进行阐释。该章首先对碎片化的概念进行多维度的解释，接下来分别从治理理念和文化、治理功能、治理结构和治理信息四个方面分析阐述跨域公共危机治理中的碎片化问题。第四章对我国跨域公共危机治理的碎片化问题根源进行分析。首先，从经济学的角度出发，主要是基于非合作“囚徒困境”博弈和理性经济人的理论层面对跨域公共危机碎片化根源进行阐释；其次，从政治学的角度出发，主要是基于问责惰性与责任选择性，以及政治晋升锦标赛的层面对政治晋升锦标赛和属地化管理进行剖析；再次，从管理学的角度出发，主要是基于协调机制不足和整合机制不足两个层面对跨域公共危机碎片化根源进行解析；最后，从社会学的角度出发，主要是基于棘手性突出和信任缺失层面对跨域公共危机碎片化根源进行分析。第五章是建构跨域公共危机整体性治理的路径。在治理理念面向上，通过寻求跨域公共危机治理中的理念诉求，进而达到跨域公共危机治理中多元价值理念和文化的整合；在治理功能面向上，主要阐述了跨域公共危机治理中纵向功能、横向功能、内外功能协同的具体整合路径；从治理结构面向上，提出要进行主体结构的整合、资源结构的整合、组织结构的整合和空间结构的整合；在治理机制面向上，主要是建构协调机制、责任机制、信任机制和整合机制；在治理技术面向上，提出对管理信息系统和决策支持系统进行整合。在结论与展望部分主要是对本研究的基本结论和未来的研究方向进行阐释。

目录 CONTENTS

导　论

第一节　研究缘起与意义

一、研究缘起

《周易·系辞下》曰："是故君子安而不忘危，存而不忘亡，治而不忘乱，是以身安而国家可保也。"德国著名的社会学家贝克也曾说过："我们已进入风险社会。"风险社会具有全球性的特征，已卷入全球化的中国当然也不可避免地进入了风险社会。改革开放40年来，社会主义市场经济发展迅速，社会结构深刻变动，经济体制深刻变革，这一系列的社会变革给我国发展进步带来了活力，同时也带来了各种各样的问题和矛盾。自然风险和社会风险交杂在一起，金融危机、恐怖活动、生态事故、自然灾害和重大疫情频频发生，且范围增大、程度加剧。随着现代信息技术的迅猛发展，公共危机所导致的不信任感与恐惧感会迅速传递到全社会；一体化进程的加快使得整个社会和世界被紧密地联系起来，任何危机事件的发生，都有可能波及整个社会，引发更大范围的动荡与不安。孤立的公共危机事件有可能引起连锁反应，偶发的公共危机有可能变成频发现象，一起局部的冲突有可能酿成全局性危机，现代社会的公共危机更具突发性、多发性、全局性、扩散性和危害性。有不少研究者认为，全球对公共危机的反思是在"9·11"事件之后，中国对公共危机的重视是在"非典"事件之后。其实，这也不尽然。关于公共危机的讨论从未停息。我国改革开放以来取得的巨大成就被世人所公认，同时，伴随改革所引发的各类社会矛盾和冲突也备受关注。

"这是最好的时代，也是最坏的时代；这是智慧的年代，也是愚蠢的年代；这是信仰的时期，也是怀疑的时期；这是光明的季节，也是黑暗的季节；这是希望之春，也是失望之冬。人们面前有着各样事物，人们面前一无所有；人们正在直登天堂，人们正在直下地狱。"[1]狄更斯的这段话生动地表述了当今社会转型期所充满的矛盾。面对当前频发的公共危机，能否成功防范与化解公共危机，不仅关系到社会经济的发展还关系到社会的安全与稳定。虽然公共危机的不确定性会给治理带来不小的困难，但是这并不代表人类在公共危机面前束手无策，只能坐以待毙。其实，任何公共危机的产生和发展都有一定的表现和逻辑。人类也正是在不断应对公共危机和化解公共危机中逐步成长和成熟起来的。虽然做不到消除所有的公共危机，但是可以尽量减少公共危机造成的损失；虽然不能完全预知未来，但是可以为未来做好准备。

在风险社会之下，世界范围内的公共危机事件呈现出跨域性的特点。当前，跨域公共危机的治理碎片化问题比较突出。跨域公共危机治理中出现的碎片化问题成为公共危机治理的屏障，不但妨碍部门之间和地区之间对公共危机的协作治理，还会增加公共危机的治理成本，消耗更多的社会资源，直接影响跨域公共危机治理效率和效果。因此，改善跨域公共危机治理中的碎片化问题是当前要务。

综上所述，如何解决跨域公共危机治理中存在的碎片化和棘手性难题，建构一个系统的跨域公共危机治理的路径，不仅是一个理论课题，也是一个紧迫的现实议题。本书以整体性治理作为理论工具，结合我国跨域公共危机的特点进行分析阐述，尝试构建跨域公共危机的整体性治理路径。

二、研究意义

目前，以整体性治理作为理论工具对跨域的公共危机治理进行系统研究的

[1] 狄更斯.双城记[M].北京：外语教学与研究出版社，2006：3.

成果在国内外还不多见，而且在现有的成果中，也存在全面性和系统性研究不足的状况。事实上，随着跨域公共危机问题的日益凸显，如何有效解决公共危机的区域问题，提高跨域公共危机的治理绩效，是一个值得科研工作者与管理工作者研究的重要课题。因此，本书的研究目的主要就是构建科学有效的跨域公共危机整体性治理路径，尽可能地减少跨域公共危机给社会带来的危害，提高公共危机治理绩效，确保经济健康发展与社会和谐稳定。在理论领域，尝试运用先进的理论工具进一步拓宽跨域公共危机治理的研究；在实践领域，做到进一步强化对跨域公共危机治理的指导作用。

基于以上缘由，探讨跨域公共危机整体性治理的论题，具有重要的研究意义。

一方面，关于跨域公共危机治理的研究是近年来才得到重视的。但是，对跨域公共危机整体性治理的研究学者涉足较少，因此，本书的研究对于国内跨域公共危机治理的研究领域开拓有着重要的理论意义。本书尝试运用管理学、政治学、经济学的理论和观点进行集成研究并融会贯通，使得跨域公共危机整体性治理的研究更具有理论性与可接受性。以此为基础构建的跨域公共危机整体性治理路径，还可为政府主管公共危机治理的部门提供一定的理论依据。

另一方面，本书理论与实践相结合，对我国跨域公共危机治理现状进行了分析，阐述跨域公共危机治理碎片化和棘手性的根源，构建了跨域公共危机整体性治理的路径。我国现在正处于社会转型期，这就决定了将会面临更为复杂多样的风险。这些社会风险在一定条件下随时会引发一系列的公共危机事件。因此，系统分析我国跨域公共危机治理的现状，寻求其治理根源，构建跨域公共危机治理的整体性路径，可以提高政府对跨域公共危机治理的绩效，提升政府对跨域公共危机治理的应变能力，从而进一步提高政府在民众当中的公信力。

第二节 文献综述

一、关于公共危机的研究综述

（一）国外的研究

危机理论研究始于西方学术界，它是西方政治学研究的一项传统课题。在西方，最具影响力和代表性的公共危机研究论著有巴顿的《组织危机管理》、罗森塔尔的《危机管理：应对灾害、暴乱与恐怖主义》，以及希斯的《危机管理》。20世纪60年代开始，学者们分别以“冷战”及工业社会为背景，研究国际关系冲突引发的国家紧张状态和灾害或事故引发的社会紧张状态。

美国的查尔斯·赫尔曼教授较早将“危机”引入学术殿堂进行探讨，也是他首次提出将“危机”作为一个决策问题，这个观点成为20世纪80~90年代公共危机研究的风向标。赫尔曼教授对决策主体结构和决策制定间的关系做了实证研究，深入分析了多个自由行动者、单一集体和杰出领导人等不同决策主体是怎样影响着外交政策的。[1]赫尔曼等学者从200个假设中提炼出了四种危机决策模式，这四种决策模式分别是组织反应、个人压力、敌对互动及成本计算。

在危机研究领域，另外一位做出重要贡献的学者是哈佛大学的格雷厄姆·艾里逊教授。他提出三种国际危机决策模型：[2]理性选择模型（the rational actor model），该模型强调依据结果价值的最大化原则做出决定；组织过程模型（organizational process model），该模型力主按照组织的一贯表现开展行动；政府政策模型（the governmental politics model ），该模型认为危机决策是不同利

[1] MARGARET H，CHARLES H.Who makes policy decision and how：an empirical inquiry[J].International studies quarterly，1989，33（4）：361-387.

[2] GRAHAM A.Essence of decision，boston[M].Mass：Little，Brown & Company，1971.

益相互屈服的结果而不是选择的产物。欧文在西蒙“有限理性”假设基础上，强调要从个体和心理层面研究决策过程及运行条件并构建了三大决策模型❶：认知性决策规则（cognitive decision rules）、附属性决策规则（affiliative decision rules）和自我满足与激励规则（self-serving and emotive decision）。他还对决策模型及决策流程受到各种约束条件的影响做了进一步的分析。

芬克对于危机管理实践有着重要的贡献，他提供了危机管理可操作的框架。他认为危机是有周期性的，可以将其划分为四个阶段❷：征兆期（prodromal）、爆发期（breakout）、延续期（chronic）和痊愈期（resolution）。针对危机管理中涉及的预防、识别和处理等问题，芬克也做了进一步的分析。

诺曼（Norman R.Augustine）在《哈佛商业评论》发表了一篇对危机管理进行划分的论文，该论文对危机治理策略的制定产生了重要影响。他认为危机管理可划分成六个阶段❸：第一阶段是危机预防，主要目标是尽可能减少危机发生；第二阶段是危机预警，即要先于危机发生而做好应对准备；第三阶段是危机确认，即对是否属于危机进行确认并对其性质作出判断；第四阶段是危机控制，即要采取必要措施从而将危机控制在一定范围内；第五阶段是危机解决，即化解危机；第六阶段是学习阶段，即为了避免再遇危机而及时吸取经验教训。

随着对危机研究的进一步深入，有学者提出需要对危机做出更具一般性意义的理解。罗森塔尔指出“危机”是对社会基本结构和价值规范造成严重威胁的一种状态，面对高度不确定性的压力需要做出关键性决策。❹基于此，他还进一步对危机的类型重新做出划分。亚历山大也认为危机不仅仅是灾害和暴

❶ IRVING J. Crucial decision：leadership in policymaking and crisis management[M]. New York：The Free Press，1981.

❷ AUGUSTINE N R. Managing：the crisis you tried to prevent[J]. Harvard business review，1995，73（6）.

❸ AUGUSTINE N R. Managing：the crisis you tried to prevent[J]. Harvard Business Review，1995，73（6）.

❹ ROSENTHAL U，CHARLES M T. Coping with Crises：the Management of Disasters，Riots and Terrorism[M]. Springfield：Charles C. Thomas，1989.

乱，当危机涉及政治、社会环境时，威胁可能更为隐蔽，特别是慢性危机，这类危机常常是经过长时间的潜伏才爆发。

综上所述，西方学术界早期对危机的研究主要集中在对国际关系的冲突所造成的紧张状态，随着国际局势的变化及社会的变迁和发展，国际冲突大为降低而灾害则频频发生，因灾难引发的紧张状态成为危机的主要部分，危机也自此由特殊性概念转变为一般意义的范畴。

（二）国内的研究

国内学术界对危机进行系统研究是在20世纪90年代，比国外起步要晚。许文惠和张成福是国内最早探讨政府危机管理的学者，著有《危机状态下的政府管理》一书。魏加宁则从危机管理的背景、方法论、决策机制等方面展开研究，成为较早关注危机管理的学者。2003年，“非典”事件爆发后，国内对危机的研究迅速升温，高校和研究机构纷纷成立应急管理课题组及危机管理研究中心，采用理论分析和建模仿真等手段对危机管理展开研究，取得了许多有见地的学术成果。研究者们主要围绕三个方面展开研究：一是国外相关危机理论的引入和借鉴；二是我国政府危机管理体系的反思与构建；三是对地方政府危机管理能力的提升与关注。

我国学者研究的热点领域主要集中在对危机管理体系构建的问题上。学者们从不同的角度阐释危机管理体系的建构，概括起来主要有以下几种观点：第一种是“制度说”。该观点是以制度为切入点对危机管理进行审视，提出影响政府危机管理的主要障碍是制度的缺陷，现行的危机管理机制不健全并且法制也不够完备，需要对危机管理制度体系进行改良和升级。王乐夫等运用危机理论、组织理论和组织新经济学理论，提出了包含预警机制、内部协调机制、政府间和国家间合作机制等在内的一种危机管理机制。[1]肖金明则以“非典”事件为例，提出政府在应对紧急事件时法制建设具有的重要性并阐述了具体构

[1] 王乐夫，马骏，郭正林.公共部门危机管理体制：以非典型性肺炎事件为例[J].中国行政管理，2003（7）.

想。[1]第二种是“系统说”。该观点以系统整合为出发点，主张构建协调、合作的管理系统，摒弃泛政治化思维方式，力求突破条块分割的政府部门体制束缚。有学者指出危机管理与任何组织管理一样，其目标都是有效整合人力、物力和财力，从而以最高的效率和最好的效果完成组织的任务。只有在科学地设置各子系统功能这一前提下，达到“1+1>2”式的危机管理系统这一目标才能实现，由此，子系统间密切的合作联系、协调的关系整合都是其中的必要条件。根据“全面整合说”的观点，在复杂多变的前提条件下，对于日益复杂的公共危机事件，绝非仅靠单一的机制、策略或者模式就可以解决，需要将各方面各层次的力量和资源糅合其中，整合出综合性危机管理体系来提升政府的危机管理能力。认同该观点的人当中不乏许多资深学者，其中张成福认为，所谓“全面整合的危机管理体系”应当是指领导者在法律、政策制定为保障的前提下，直接参与和领导整个社会协作与组织整合的过程，并通过对此过程的全面危机管理，来提高政府的应急管理能力，从而达到预防、回应、消解危机的目的，保障公民人身财产安全，实现社会健康和谐发展。他认为一个全面整合的危机管理体系应当具有以下基本特征及构成要素：获得政治环境支持；全危机管理意识；整合的危机管理；全过程的管理；发展型策略；对风险的估量应当全面；充分的资源支持；以绩效考核为基础管理。[2]第三种是“经验说”。该观点认为国外先进危机管理的经验可供我们借鉴和吸收，力主开展国际合作研究，加强政府危机管理能力。有学者通过介绍美国、俄罗斯等国家的危机处理经验，认为我国应对城市危机可以借鉴西方成功经验并提出了城市危机管理的具体政策建议。[3]

综上所述，在经历“非典”事件之后，国内学者对危机研究的关注度持续走高。学者们大多从政治学和行政管理学领域探讨政府在面对公共危机时的定

---

❶ 肖金明.反思SARS危机：政府再造、法制建设与道德重构[J].中国行政管理，2003（7）.

❷ 张成福.公共危机管理：全面整合的模式与中国的战略选择[J].中国行政管理，2003（7）.

❸ 叶国文.危机管理：西方的经验和中国的任务[J].城市管理，2003（3）.

位与作用。学者们几乎都认为国外公共危机先进管理经验对我国具有一定的启示作用，危机管理体系的构建需要制度化、系统化、整合化的战略部署。“各自为政”“头痛医头，脚痛医脚”的危机管理模式已不再适应日益复杂多变的公共危机现实情况。

二、关于跨域公共危机治理的研究

（一）跨域治理的研究现状

跨域治理始于西方发达国家。20世纪70年代石油危机爆发，西方发达国家普遍都存在着政府规模扩大、财政危机和社会结构破碎化的问题。这一时期以分权化、市场化、合作化和民营化为主要特征的新公共管理运动在英国和美国率先展开。这项改革运动对地方政府间关系进行了重新调整，由中央集权到地方分权，从地方分权到跨域治理。这种治理模式不但加强了中央政府与地方政府的联系和互动，还加速了地方政府之间的合作，实现了社会资源的优化整合。可是过分强调引入市场竞争、顾客导向，也使政府角色变得模糊，导致功能发挥的失调。[1]美国政府为应对财政恶化问题，改变对地方政府的补助制度。面对“双环困境”[2]，Osborne和Gaebler提出了“企业精神政府”的理念，提出要建立具有竞争性、导航性及预见性的政府，发挥政府“企业性”，促进政府向社区及其他治理组织分权，建立企业化、市场化的新政府，同时实施“国家绩效评估”，对地方政府改革进行实时评估。[3]之后，美国地方政府间的跨域合作日渐频繁，组织日渐增多。

---

❶ LEACH R，PERCY S J. Local governance in Britain[M].New York：Palgrave Macmillan，2001.

❷ 双环困境（Catch-22 Situation）是指地方政府行政改革在“降低行政成本”与“提升服务质量”两个目标间存在的两难抉择。如果地方政府试图降低行政成本，最直接的方式就是删除部分施政计划，裁撤机关并精减职员，但此举势必遭到政府职员本身的顽强抵抗；如果地方政府试图提升公共服务质量以满足人民需求，最重要的方式就是通过增加税收来增强自身财政能力，但此举必将遭到社会各界的反对和排斥。

❸ OSBORNE D，GAEBLER T.Reinventing government：how the enterpreneurial spirit is transforming the public sector reading[M].Massachuselt：A William Patrick Book，1992.

从世界范围来看，在治理困境和创新需求的双重驱动下，世界各国陆续展开了对区域协作治理良方的积极探索，由此形成的治理和实践模式就具有了跨域性特色。美国的城市化水平一直处于较高程度，其城市群的建设和城市化的进程与跨域治理密切相关。其特色多元的大都市区治理模式对政府一体化的协调发展起到了有力的推动作用，并由此形成了世界上最典型的都市群区域治理。保有地方自治历史的英国也通过对中央集权政府进行分权改革、对公私部门进行战略关系建立等途径，重新赋予了地方政府活力。日本也对跨域治理进行了一定的探索，主要通过扩大行政区域、加强地方间的合作力度等途径来提高政府执行力。实践表明，跨域治理已成为世界各国共同面对的难题，具有全球普遍性。

马学广在总结英、美等国地方治理范式和跨域治理经验的基础上提出我国地方政府跨域治理的途径。他认为跨域治理的途径主要有三种：一是宏观分权与微观赋权结合，把地方政府的权力与职能转移到企业、社区及非营利组织，扩大公共利益；二是协调组织间合作关系，治理规则由支配性向共识性转变，形成协商一致的治理新规则；三是运用行政手段和市场手段调节地方政府之间的关系，实现合作型政府的转变[1]。

张成福将跨域治理定义为两个或两个以上的治理主体，包括政府（中央政府和地方政府）、企业、非政府组织和市民社会，基于对公共利益和公共价值的追求，共同参与和联合治理公共事务的过程。[2]进而指出跨域治理具有多元主体，它包括三种类型：第一种是垂直型协作治理，即中央与地方政府、上下级地方政府实现合作，不是以等级为特征的指挥命令形式而是基于平等的联合共治；第二种是水平型协作治理，即消除地方保护主义的恶性竞争，平行政府间是伙伴关系，实行协作治理；第三种是跨部门协作治理，即构建地方政府与

[1] 马学广. 从行政分权到跨域治理：我国地方政府治理方式变革研究[J]. 地理与地理信息科学，2008（1）.

[2] 张成福，李昊诚，边晓慧. 跨域治理：模式、机制与困境[J]. 中国行政管理，2012（3）.

企业、公民社会与非政府组织的战略合作伙伴关系，摈弃过去简单追求效率的原则，更注重公民参与。

综上所述，跨域治理是多元主体共同参与的一种协作治理，它摈弃了地方保护主义，强调构建中央政府与地方政府的合作关系，注重地方政府间的联合行动，鼓励公民积极参与，这种多元主体参与治理的方式可以有效地解决区域问题，实现区域的协同治理，促进区域可持续发展。

（二）跨域公共危机的研究

随着区域一体化进程的加快，各生产要素呈现区域聚集态势，公共危机也出现跨域的特征。目前，我国地方政府处理跨域公共危机还处于摸索阶段，学术界虽在危机管理的研究领域取得了丰硕的成果，但对跨域公共危机治理的研究则较少。

付晓东对跨域公共危机事件的类型与特征进行了阐述，挖掘跨域公共危机产生和扩展的根源，对跨域公共危机的防治提出了具体的对策和建议。他认为应该将跨域公共危机治理纳入法制化的管理范畴，成立政府投入与社会投入相结合的应急防范基金，建立信息共享的制度，强化危机意识，将公共危机管理纳入常态管理。[1]

孙继伟依据危机发生载体及危害对象的不同，把危机分成企业危机、公共危机和自然与生态危机三种基本类型。他认为："跨界危机并不是指跨国界、行政区域或地理边界的危机，而是指发生载体或危害对象跨越危机的基本类型，兼有两种或多种危机性质的危机。"[2]这一定义表明其包含着动态的因素，即某一危机刚开始也许不是跨界危机，但随着事态变化可能会演变为跨界危机。

张伟等认为当代社会危机形态具有跨越地理、跨越功能和跨越时间界限的特征。[3]跨界危机管理对政府提出了严峻的挑战，跨行政区、跨组织、跨部门

❶付晓东．论跨区域公共危机事件的防治[J].学习与实践，2009（4）．

❷ 孙继伟．跨界危机初探[J].管理学家，2009（9）．

❸张伟．跨界危机的兴起及其对公共管理者的挑战[J].吉首大学学报．哲学社会科学版，2011（3）．

和跨时间的危机治理相对于传统的危机治理而言要求更高。跨界危机中区域间横向与纵向的合作，以及部门之间的合作都是一场严峻的挑战，需要改变传统理念和官僚作风，培养跨界危机治理的能力。危机管理研究者需从各方面展开对跨界危机的研究。

杨龙认为："许多重大危机都具有跨行政区分布性、管辖不确定性、超出应急预案性，以及存在溢出效应和连锁反应等特点。这类公共危机一旦发生，往往波及多个行政区，区域内的任何一个地方政府想要'独善其身'都是不可能的。"[1]他指出由于区域间存在密切的经济关系，所以任何一个地方若有损失都会影响到整个区域的发展。区域内各地方政府是相互平行的，不存在上下级关系，因此，在处理跨域公共危机的时候相关地方政府是需要彼此让渡部分行政权限以便共同应对和解决危机的。区域内不同地方政府之间是一种共生的关系，为克服公共危机治理碎片化，增强公共危机处理能力，提高区域治理的绩效，需要地方政府之间加强合作以应对跨域公共危机。

总体而言，学者们对跨域公共危机进行研究主要集中在2009年之后，这与区域一体化发展有着密切的联系。在研究中无论是定义为跨域公共危机还是跨界公共危机，都具有跨组织、跨功能、跨地域的共同特点。大家一致认为跨域公共危机存在着治理碎片化和棘手性等难题，寻求地方政府的合作是关键因素。然而，当前对跨域公共危机治理层面的研究缺少一种科学的理论工具的支撑，有必要选择一种带有整体性和系统性色彩的分析工具，以实现跨域公共危机的良好治理。

三、关于整体性治理的研究综述

（一）国外关于整体性治理的研究综述

整体性治理理论（holistic governance theory）是在西方广泛受到学术界推

[1]杨龙，郑春勇.地方合作在区域性公共危机处理中的作用[J].武汉大学学报（哲学社会科学版），2011（1）.

崇并得到政府运用的治理理论。最早提出整体性治理的是英国学者佩里·希克斯。他于1997年出版的《整体政府》（*Holistic Government*）一书中提出社会和经济问题的解决可以通过“协同政府”或者“整体性政府”的方式。他在《迈向整体性治理》中对整体性治理的兴起渊源、核心思想、目标指向等进行了系统阐述。希克斯认为政府机构之间若要实现有效的整合及协调，达到政策目标一致，政策执行手段相互配合，就必须要有充分的沟通和合作，相互强化，最终达成合作无间的治理。希克斯提出整合要从治理层级、治理功能和公私部门三方面进行，跨越部门之间的鸿沟，从整体的角度构建政府功能。也正是在这本书中，他将整体政府变更为整体性治理。整体性治理是在对新公共管理“市场化”“碎片化”的反思和批判基础上提出的一种新的治理模式。

另外一位代表人物Dunleavy提出以信息技术作为主要整合手段，整合所涉及的内容包含逆部门化及碎片化、大部门式治理等，使政府部门能够提供方便、快捷、公开、高效的“在线治理”。[1]他认为整体性治理的核心思想就是实现重新整合。

挪威学者Tom和Perlagreid的《后新公共管理改革——作为一种新趋势的整体政府》较全面地梳理了世界各国学者对整体性治理的论述，多角度分析阐述了整体性治理在各国的实践，提出政府需要在体系、文化和结构上有实质性的突破，才能实现跨部门的预算、计划及目标，整体性治理的实施才具备可能性。

学者Adren指出了“整体性治理”四个作用域即四个What[2]：同一政府层级中的“整合”服务发生的预期是什么？跨层级“整合”的地方政府和中央政府的相关责任是什么？跨流程等级“整合”政策与执行的含义是什么？连接政府与私人部门的纽带是什么？

---

❶DUNLEAVY P,et al.Digital Era governance:IT corporations,the State,and e-government.New York:Oxford University Press.

❷ANDREN D M. Move joined-up government from theory to reality[J]. Industry pesearch，2004（20）：2-4.

（二）国内关于整体性治理的研究综述

我国台湾学者对整体性治理理论进行了广泛和深入的研究，其中的代表人物有彭锦鹏、林水波、韩保中等。台湾大学政治学系的彭锦鹏对传统官僚制、新公共管理和整体性治理三种公共行政理论范式作了详细的对比分析，他认为整体性治理理论是值得学界加以深入研究的关于政府治理的宏大理论。对于如何实现整体性治理，他提出了三项具体的改革策略：一是基于资讯科技的线上治理；二是整合基础之上的政府组织；三是构建主动型的文官体系。“中央大学”韩保中提出整体性治理理论强调的是整合在政府组织中的运用，具有回应性和解决公民需求的特点。他提出“碎片化（fragmentation）—棘手性问题（wicked problems）—协调（coordination）”的组织协调问题框架，是“为何及如何”整合的关键。[1]另外两位台湾学者林水波和李长晏也撰文《跨域治理》从不同的角度对整体性治理进行了阐释和评介。

北京大学周志忍认为整体性治理是当今政府改革的趋向和学术研究的热点问题。整体性治理是与网络治理、协同政府和跨部门协作等相关的一个大概念，虽然它们之间的侧重点和着眼点有所不同，但是都强调通过制度化和有效的“跨域”合作达到增进公共价值的目的。复旦大学竺乾威指出整体性治理的理论还处于发展阶段，它的组织结构还是基于韦伯的官僚组织结构，它需要借助信息技术的力量方能实现。由于自利性存在于政府机构和人员之中，所以体现公共价值的整体性运作和协调具有较大的难度。曾凡军指出整体性治理理论是在对新公共管理理论继承和批判的基础上发展起来的，是对传统公共行政的衰败及新公共管理改革运动所遇到的棘手性、碎片化问题的一种回应。[2]胡佳指出由于整体性治理理论来源于西方，所以在具体应用到我国改革实践时有可能会产生悖论，但是我们仍然能够从整体性治理理论中寻找到普适性的启示，

[1] 韩保中.全观型治理研究[J].台湾公共行政学报，2009（31）.

[2] 曾凡军.后公共治理理论：作为一种新趋向的整体性治理[J].天津行政学院学报，2010（3）.

从而为我国地方政府改革提供理论指导。[1]李瑞昌认为整体性治理理论唤起了学界对整体主义和实证主义的重视，对于构建新的有效治理理论模型作了有力的铺垫，增进民众参与公共治理的热情。[2]翁士洪将整体性治理理论运用到基础教育中，以西藏林芝地区希望工程建设为个案进行研究，认为整体性治理理论对于解决社会保障、教育等方面存在的问题同样具有重要的借鉴意义。[3]刘超认为我国地方政府在对公共危机应急处理方面存在碎片化倾向，应以整体性治理理论为指导，构建部门合作、政府与市场协调、信息中心高效统一的整体性公共危机治理模式。[4]

通过对国内外文献的梳理，我们可以清晰地看到发源于西方的整体性治理理论作为一种新的公共治理理论是在近年被引入我国的。整体性治理理论以公平正义、积极回应为价值基础，以整体导向、合作导向为逻辑起点，以整合为基本手段，直面碎片化、棘手性难题。国内学者对整体性治理的研究基本属于引介层面，相关的研究成果并不多见，而结合我国的具体公共问题进行对策研究的文献更是鲜见。因此，本书尝试以整体性治理作为理论工具对我国跨域公共危机治理进行研究分析，具有一定的理论意义和现实意义，这也是本书的创新点之一。

第三节　研究内容

导论部分，主要是对本书的研究缘起和研究意义进行了说明；对国内外关于公共危机和跨域公共危机，以及整体性治理的研究状况进行综述和分析；在

---

❶胡佳.迈向整体性治理：政府改革的整体性策略及在中国的适用性[J].南京社会科学，2010（5）.

❷李瑞昌.公共治理转型：整体主义复兴[J].江苏行政学院学报，2009（4）.

❸翁士洪.整体性治理及其在非结构化社会问题方面的运用——以西藏林芝地区“希望工程”政策运作为例[J].甘肃行政学院学报，2009（5）.

❹刘超.地方公共危机治理碎片化的整理——“整体性治理”的视角[J].吉首大学学报.哲学社会科学版，2009（3）.

此基础之上阐述了本书的研究内容、研究方法及可能的创新。

第一章从理论层面分析探讨作为分析工具的整体性治理与作为研究对象的跨域公共危机治理及二者间的契合性。本章首先对危机、公共危机和跨域公共危机三个核心概念进行了界定和诠释。对核心概念进行界定有助于使研究对象更加清晰和具体。其次，对于本书研究所使用的分析工具——整体性治理理论进行了梳理及阐释。随着传统公共行政的衰落，对新公共管理的反思，合作理论和整体主义思维的复兴及信息时代和风险社会的来临，这些因素都催生了整体性治理理论的兴起。整体性治理的分析框架是一个复合体系，它包含了治理理念、协调机制、组织整合、信任培育四个方面。在域外实践方面，整体性治理被视为第三次行政学改革的典范，它的实践运用始于英国，之后迅速发展到澳大利亚、新西兰、美国等国家，掀起了西方国家公共治理改革的浪潮，并对这些国家的公共治理起着重要的指导作用。最后，从实践维度和理论维度对整体性治理与跨域公共危机的契合性进行了分析。

第二章对跨域公共危机治理的三种模式进行了介绍，并基于整体性治理的视角对三个样本进行了描述与评析。本章对跨域公共危机治理的三种模式：科层型治理模式、市场型治理模式和整体性治理模式进行了梳理和比较。

第三章对我国跨域公共危机治理的碎片化问题进行阐释。本章首先对碎片化的概念进行了多维度的解释。近年来，“碎片化”一词在传播学、社会学、政治学和行政学的诸多领域被广泛运用，形成了诸多颇有见地的成果，也极大丰富了“碎片化”的内涵和外延。整体性治理理论的创始人希克斯认为，“碎片化”是不同功能与专业组织之间，缺乏沟通与合作，协调机制匮乏，各自为政难以共同解决公共议题，最终导致政策执行失败。在跨域公共危机的治理当中，分散于各部门的信息、资源不能有效整合也会造成“碎片化”现象。接着，分别从治理理念和文化、治理功能、治理结构和治理信息四个方面分析阐述跨域公共危机治理中的碎片化问题。

第四章对我国跨域公共危机治理的碎片化问题根源进行分析。从经济学的角度，主要是基于非合作“囚徒困境”博弈和理性经济人的理论层面对跨域公共危机碎片化根源进行分析。我国跨域公共危机治理中各地方政府间的各自为政、地方保护等现象就是地方政府个体理性与整个跨域公共危机治理团体理性间的矛盾反映，也是跨域公共危机治理的非合作“囚徒困境”博弈模型的一个较为典型的案例。而理性经济人出于追求个人利益最大化的目标，在跨域公共危机治理中面对危机时，总是将地方政府自身的利益作为首要考虑的指标。这样极易诱发跨区域的矛盾和跨界污染等问题。从政治学的角度，主要是基于问责惰性与责任选择性，以及政治晋升锦标赛的层面对跨域公共危机碎片化根源进行分析。问责惰性主要是指各地方政府在具有跨时间、跨空间、跨组织和跨文化环境等特质的跨域公共危机治理中的危机预警、危机防范、危机风险和危机救治的主动性和积极性缺失。跨域公共危机治理中的“选择性”责任是指各地方政府或各职能部门在跨域公共危机治理中，为了本区域或本部门的集团利益，在政治责任、管理责任和法律责任等层面上进行有意识、有目的性、有选择性地承担，有选择性地履行跨域公共危机治理职责和义务，趋利避害，导致跨域公共危机治理责任的选择性缺失。跨域公共危机治理中，政治晋升锦标赛体制使得各地方政府进一步固化了属地化管理原则，采取地方保护和各自为政措施，造成了跨域公共危机治理的碎片化现状。从管理学的角度，主要是基于属地化管理、协调机制不足和整合机制不足三个层面对跨域公共危机碎片化根源进行分析。从社会学的角度，主要是基于棘手性突出和信任缺失的层面对跨域公共危机碎片化根源进行分析。

第五章建构跨域公共危机整体性治理路径。首先，在治理理念面向方面，通过寻求跨域公共危机治理中的理念诉求，进而达到跨域公共危机治理中多元价值理念和文化的整合。其次，在治理功能面向方面，主要阐述了跨域公共危机治理中政策协同的具体路径。基于本书的研究需要，主要从中观层面探讨政策协同的相关问题。公共危机治理中的跨域合作在实践中有多种整合和协同形式：第一种是“纵向功能整合”即上下级政府功能之间的整合和协同；第二种是“横向功能整合”即同级政府功能之间的或是同一政府功能但是属于不同职能部门之间的整合和协同；第三种是“内外功能协同”即政府和非政府组织功能之间的协同。从治理结构面向上，本书提出要进行主体结构的整合，资源结构的整合，组织结构的整合和空间结构的整合。从治理机制面向上，主要是建构协调机制、责任机制、信任机制和整合机制。最后，从治理技术面向上，提出对管理信息系统和决策支持系统进行整合。

结论与展望，对本书研究的主题内容进行概括，指出本研究有待拓展的空间及不足之处。

第四节 研究方法

一、文献分析法

文献分析法是指搜集和整理文献并通过对文献进行研究，最后形成对事物科学的认识方法。本书主要通过收集以文字和图像等形式记录的各种信息资料、新闻报道、正式出版的文件等来展开对跨域公共危机整体性治理的研究。本书主要围绕四个关键性问题展开研究，即跨域公共危机是什么（what），为什么要进行跨域公共危机整体性治理（why），怎样建构跨域公共危机整体性治理的路径（how）。以及跨域公共危机整体性治理带来的结果（outcome）是什么。本书运用文献分析研究法围绕上述四个关键问题进行了深入分析，在第二章中回答了跨域公共危机是什么（what），在第三、第四章中回答了为什么要进行跨域公共危机整体性治理（why），在第五章中回答了怎样建构跨域公共危机整体性治理的路径（how），最后阐述了跨域公共危机整体性治理带来的结果（outcome）是什么。

二、案例分析法

除了一般的文献分析外，本书的主体部分将结合典型案例进行分析。案例研究是一种实证研究，它在不脱离现实生活环境的情况下研究当前正在进行的现象。[1]案例研究所具有的深入、全面的特点有助于我们了解跨域公共危机治理的微观过程，本书的案例分析方法主要应用于跨域公共危机治理现状的研究。一个好的案例应该具备开放性的特征，好的案例能够反映真实的问题及矛盾，能够从不同侧面去研究和分析。因此，案例的恰当运用能够从更多角度对研究对象进行更加深入透彻的分析。

三、跨学科分析法

本书运用管理学、经济学、政治学和社会学等多门学科理论融合的研究方法，系统分析了跨域公共危机治理碎片化问题的根源。从多学科视野下对跨域公共危机治理碎片化的根源进行分析，使得跨域公共危机治理的研究更为全面与直观。

第五节　可能的创新之处

本书的创新主要包括以下两个方面。

一是运用缘起西方的全新治理范式——整体性治理理论作为分析工具，对跨域公共危机样本和跨域公共危机治理中所存在的治理文化和理念碎片化、治理功能碎片化、治理结构碎片化和治理信息碎片化等进行深入分析，并从经济学、政治学、管理学和社会学层面等多个学科视野对跨域公共危机治理碎片化存在的深层根源进行剖析，如经济学层面的根源为非合作“囚徒困境”博弈和理性经济人等；政治学层面的根源为问责惰性与责任选择性及政治晋升锦标赛

[1] 罗伯特.案例研究：设计与方法[M].3版.重庆：重庆大学出版社，2004：16.

等；管理学层面的根源为属地化管理、协调机制不足和整合机制不足等；社会学层面的根源为棘手性突出和信任缺失。

二是基于整体性治理理论建构了跨域公共危机的整体性治理模式和分析框架。本书所建构的跨域公共危机整体性治理模式和分析框架主要包括在理念和文化面向上的整体性治理理念整合和整体性治理文化整合；在整体性治理功能面向上包括纵向功能整合、横向功能整合和内外功能协同等；在整体性治理结构层面主要包括跨域公共危机治理主体结构整合、治理资源结构整合、治理组织结构整合、治理空间结构整合等；在整体性治理机制面向主要包括建构整体性协调机制、整体性责任机制、整体性信任机制、整体性整合机制等；从整体性治理技术面向上，主要包括管理信息系统整合和决策支持系统整合。综上所述，本书通过以上整体性治理理念和文化的整合、整体性治理功能的整合、整体性治理结构的整合和整体性治理技术的整合，建构一个较为完整和系统的能够有效应对跨域公共危机的整体性治理模式和分析框架。

第一章　理论探讨：跨域公共危机与整体性治理

在本章，将对本书研究中的核心概念进行界定和诠释。然后，对本书研究所使用的分析工具——整体性治理理论进行梳理及阐释。最后，从实践维度和理论维度对整体性治理与跨域公共危机的契合性进行分析。

第一节　相关概念的界定和诠释

概念是我们研究问题的起点，对与研究相关的基本概念进行界定和阐释，是一项重要的基础性工作。在本部分中，将对危机、公共危机、跨域公共危机等基本概念进行阐释，通过对这些基本概念的梳理和阐释深化对研究问题的认识。

一、危机

多年来，学界对危机的研究取得了丰硕的成果，形成了不同的学说和观点，对于“危机”的定义也不下百种。从词意渊源来看，“危机”（crisis）一词源于古希腊，它“本来是一个医学术语，指人濒临死亡、游离于生死之间的那种状态。如果医生能妙手回春，病人也许能大难不死，重新回到‘生’的状态；如果回天乏力，那么病人就将命归黄泉，离开这个世界。在生死之间、在两个世界之间、在两种状态之间游离，这就是‘危机’在本源上的意义”[1]。《辞海》中危机指的是“潜伏的祸机”“生死的紧要关头”。《现代汉语词典》对

---

[1] 中国现代国际关系研究所危机管理与对策研究中心.国际危机管理概论[M].北京：时事出版社，2003.

危机的解释是："潜伏的危险""严重困难的关头"。

国外学者中，美国俄亥俄州立大学的查尔斯·赫尔曼（Hermann）教授是在政治学领域较早对"危机"（crisis）进行学术研究的。他指出，"危机是一种情境：它威胁着决策主体的最高目标；在情境改变之前能够做出反应的时间有限；决策主体无法预料其向何发展"[1]。由此可见，作为危机研究早期开拓者的赫尔曼认为危机管理的关键在于决策，他的这一观点也成为20世纪八九十年代西方公共危机研究的主流思想。另外一位美国学者罗森塔尔（Rosenthal）则把危机看作一个过程，他认为危机不但严重威胁着一个社会的基本价值和行为准则，而且要求决策层在时间压力及高度不确定性的情况下迅速做出决定。[2]克兰特利从危机形态上对其进行研究，他认为危机有两种类型：一是分歧型危机（dissensus types of crises），这类危机中各方对局势、后果及解决办法存在较大差异，如社会危机；二是一致型危机，这类危机中各方对局势的看法及价值观一致，如自然灾害。[3]希斯概括了危机的特点，他认为危机具有"需要迅速做出决策""人员紧缺""物资严重匮乏"及"时间紧急"四个特点。[4]在接下来的研究中，罗森塔尔与路易斯等学者进一步指出危机已成为我们生活中的一部分，"危机不是具体的事件，它是以无法预知且让人不安的方式交互展开进行的一个过程"，"危机变得越发复杂化与政治化"。[5]

国内学者中，中国人民大学张成福教授较早对危机管理进行了研究。他认

---

[1] HERMANN C.Crises in foreign policy：a simulation analysis[M].Indiana Polis：Bobbs Merrill，1969：14.

[2] ROSENTHAL U，et al.Coping with crisis：the management of disasters，roits and terrorism[M].Springfield：Charles C.Thomas，1989：10.

[3] QUARANTELLI E L，RUSSELL D.Response to social crisis and disaster annual review of sociology[J].Annual reviewof sociology，1977（3）：23-49.

[4] 希斯.危机管理[M].北京：中信出版社，2001：25.

[5] URIEL R，et al.Managing crisis：treat，dilemmas，opportunities[M].Springfield：Charles C.Thomas，2001：6.

为危机是一种紧急事件或紧急状态，它的出现会对社会正常运作造成不良影响，威胁到生命、财产和环境，需要政府和社会采取特殊措施应对。[1]另外一位在危机研究领域具有代表性的人物是清华大学的薛澜教授。他认为由于危机发生的现实场景千变万化，很难概而言之。[2]胡鞍钢则认为危机是在一定范围内出现的天灾、暴乱、战争等社会秩序受到严重破坏，人民财产及国家政权受到威胁的一种非正常状态。[3]

上述国内外学者对于危机概念的界定可谓是见仁见智。概而言之，目前危机概念的界定呈现两种倾向：一种是“状态说”，另一种是“事件说”。赫尔曼、罗森塔尔和克兰特利分别将危机看作决策者面对的紧张状态、对整个生活的威胁状态和灾难当事人的恐慌状态。“事件说”代表则认为危机是一个具体的事件，这一事件的出现会给社会秩序造成威胁和破坏。事实上，无论是“状态说”还是“事件说”，只是对危机概括的侧重点不同，它们都是你中有我，我中有你，彼此是相交互的。在吸收上述各家对“危机”界定的合理要素基础之上，笔者认为，危机是个人、群体和社会在应对各种冲突、灾难和威胁事件的一种压力状态，这种压力最终会转向政府。

二、公共危机

相较危机而言，对公共危机概念的界定则显得稀少许多。很多学者在研究中都把危机等同于公共危机。也有学者认为，涉及公共安全领域的危机称为公共危机。有学者通过列举的形式界定公共危机的概念，认为公共危机是社会遭遇天灾或混乱、暴动、冲突等，社会秩序受到严重破坏，人民财产和国家安全

---

❶ 张成福.公共危机管理：全面整合的模式与中国的战略选择[J].中国行政管理，2003（7）.

❷ 薛澜，张强，钟开斌.危机管理：转型期中国面临的挑战[M].北京：清华大学出版社，2003：24.

❸ 胡鞍钢.SARS是一场什么危机[J].瞭望，2003（19）.

受到威胁的一种非正常状态。[1]也有学者指出公共危机是一种危险情况与紧张状态，它由内外部不确定变化因素引起并对社会利益与安全生产造成严重威胁。[2]笔者认为，公共危机应该是在公共领域内发生，受到非传统安全，如灾害、事故和社会安全事件等威胁时的一种紧张状态。公共危机更强调危机发生的领域是在公共管理及公共活动中，危及的对象是社会公众。

三、跨域公共危机

近年来，随着全球一体化、区域一体化进程的加快，跨域公共事务也不断涌现出来。国外学者Boin是跨域危机研究方面的专家，2008年他在参加南京大学举办的“风险、危机与公共管理国际学术研讨会”上做学术报告时也仍未对跨域危机给出明确的定义。可以说，何为跨域危机，国内学界目前尚未得出一致的明确定义。国外亦有学者指出，跨域公共危机是指跨国界、跨行政区的公共危机，用英文表述就是cross-border crisis。目前，我国学术界对公共危机管理方面的研究可谓著述甚丰，但是对跨域公共危机治理方面的研究则较少涉及，对跨域公共危机概念的界定有着不同的答案。孙继伟界定了跨界公共危机的概念，他认为某一危机发生时起初并不具有跨域的性质，但随着事态发展有可能演变成跨域危机。跨界不仅仅是跨越国界和行政区，也是指危害对象或发生的载体跨越了危机的基本类型。[3]杨龙和郑春勇认为区域性的公共危机是由各类自然或人为因素造成的，在一定范围发生的，严重威胁和损害该区域社会秩序、公民财产、人身安全等产生恶劣影响的重大事件。[4]基于学术界对跨域公共危机的界定，笔者认为跨域公共危机是指由各种自然因素或人为因素引起的，超越了某一个地区范围，波及多个地区而突然发生的，并对这些区域的公

❶ 吕瑛.政府公共危机管理的战略思考[J].内蒙古大学学报（人文社会科学版），2005（2）.

❷ 王晓成.论政府公共危机中的政府公共关系[J].上海师范大学学报，2003（6）.

❸ 孙继伟.跨界危机初探[J].管理学家，2009（9），

❹杨龙,郑春勇.地方合作在区域性公共危机处理中的作用[J].武汉大学学报（哲学社会科学版），2011(1).

共安全、公民财产及人身安全、社会秩序等造成威胁和损害的重大公共事件，它不仅跨区域，还是跨功能和跨组织的公共危机。本书中所指的跨域主要表示越过单一行政区划的两个或者多个行政区划的范围。

诚然，跨域公共危机亦是属于公共危机的一种，主要是从受到影响的地理范围及危害对象、载体等方面对公共危机的界定。跨域公共危机的形成主要有以下几种情形：一是全球性或是全国性公共危机在不同区域的分布；二是某地区公共危机引发后扩散到其他区域；三是公共危机在非常短的一段时间内跨行政区域同时爆发。跨域公共危机除了具有危害性、破坏性、突发性和不确定性这些突发事件的共性外，还具有自身的一些特点。首先，跨域公共危机呈现跨行政区分布的特点。它一般有两种形态，分别是块状分布和带状分布。块状分布主要是指全国性的公共危机呈现的地方性分布，或是地方性危机从点到面、由中心向四周的扩散。例如，经济危机、产业集群造成的酸雨重灾区等都属于块状分布的跨域公共危机。带状分布主要是由自然因素或人为因素造成的。例如，台风引发的洪涝灾害、人口流动引发的疫情传播等都属于带状分布的跨域公共危机。其次，跨域公共危机的行政管辖权难以界定。实践中，我国危机治理实行的是分级、分属地管理的原则，地方政府对于所管辖的区域享有公共危机事件的治理权并对管辖区域内的公共危机事件负有责任。跨域公共危机的治理需要通过协调开展进行整合治理，但是地方政府受行政区划的限制而难以进行行政协调。当公共危机发生在两个或者两个以上行政区交界地时，由于管辖权限难以界定，责任划分存在困难，常常会错过最佳危机处理的时机，造成危机事态进一步扩大。最后，跨域公共危机常常会超出地方政府的应急方案。跨域公共危机一旦爆发，往往超出一个行政区范围。地方政府即便启动紧急预案仍旧会在跨域危机治理中显得力不从心，因为跨域公共危机需要地方政府之间进行整合协作才能有效防控。

第二节　分析工具：整体性治理理论阐释

治理理论在与国家相关的公共事务管理活动和政治活动中得到广泛运用，它在政治理论及公共管理理论中占据重要位置。自1989年世界银行首次提出“治理危机”以来，在政府管理研究中“治理”被广泛运用并不断赋予新的界定。传统官僚制的管理理念，以及新公共管理的分权竞争管理主义在面对公共管理领域的碎片化难题、横向协调问题等方面已渐显无力，缺乏解决问题的理念支撑。至此，一场新的政府治理变革运动在西方发达国家拉开了帷幕。这场治理变革运动旨在解决横向管理、整合资源、跨界协调等政府管理中的棘手性问题，不同国家对此治理变革命名不一。英国称为协同型政府，澳大利亚赋以整体性政府，加拿大则以横向管理的形式出现，而在美国被冠以网络化治理、协作性管理。英国学者佩里·希克斯最早将其称为整体性治理（holistic governance）。

一、整体性治理的兴起缘由

（一）传统公共行政的衰落

政治与行政二分，官僚制理论与科学管理理论共同构筑了传统公共行政理论的范式。传统公共行政对效率过分追求但忽视了价值规范，在实践过程中，官僚制的弊端亦日渐凸显，传统公共行政理论的局限性也逐渐显露，越发不能满足实践的需要。传统公共行政适应大工业社会及其生产与管理，却与信息社会和后工业社会不相适应，因此，受到各方的质疑和批判，其地位和影响日渐式微。

（二）新公共管理方式的反思

新公共管理方式以分散化、竞争与激励机制标榜，在提高政府服务效率的同时，也加剧了公共领域的碎片化倾向，在实践中遭到了质疑。英国撒切尔夫人内阁倡导市场竞争，强调结果，推崇小政府式的发展方向，改革的主要方向体现在以下方面：一是凸显市场的调节作用并减少政府对经济的干预；二是降低各种税收和减少各种政府预算、政府开支，缩减政府的规模；三是想方设法克服科层制导致的政府工作效率低下、铺张浪费现象，强化对政府组织内部的政治控制；四是援引和借鉴营利性机构的先进管理经验和管理方法。然而，这种对市场的盲从，公域和私域的混淆，引发了一系列协调与整合的难题。

（三）合作理论和整体主义思维的复兴

公共管理的研究在经济学的影响下曾经风行个体主义思维而忽视整体主义思维。在现代社会中，各种突发事件频频发生且呈现出复杂性和棘手性，如群体事件、自然灾害、流行病等，要解决这类问题仅依靠单一政府部门或机构是无法实现的。政府若要妥善处理此类问题必须通过加强部门之间的合作与协调，避免因为政策目标的相互冲突而导致行政效率的低下。信息技术的迅速发展促使横向协调与纵向整合更为便捷。在这种背景下，吸取了社会资本理论、组织网络理论及多中心治理理论等合作精髓的整体主义思维得到了复兴。整体主义的研究方法再次被西方国家广泛运用到社会科学研究当中。

（四）信息暴增和社会风险的来临

20世纪90年代，电子信息技术的数字化使得整个信息行业发生了天翻地覆的变化，互联网的出现更是在全球产生了爆炸式的增长和连锁反应。由此，人类的信息交流手段和环境已被彻底颠覆，人类社会步入了空前的信息化时代。[1]信息技术时代的到来催生了政府过程的民主化与科学化。数字化及网络的逻辑追求一体化，反对机构之间的分割与封闭管理的数据库，强调部门间和层级间的信息一致性。“信息传播不再是以等级为依托自上而下或自下而上的

---

[1] 阿尔弗雷德.信息改变了美国：驱动国家转型的力量[M].万岩，译.上海：上海远东出版社，2008.

线性传播，而是实现传播途径的多样化，政府间合作竞争关系信息得到立体化传递”。[1]信息技术的迅猛发展给政府治理带来机遇的同时也带来了新的挑战。信息时代的治理要求政府功能进行重新整合，采用整体主义的思维，以需求为导向，强调跨界跨层级的协调与整合。

风险社会也催生了整体性治理理念的兴起。随着现代社会突发事件的日益增多，西方许多国家认为政府组织间的协作是有效应对灾难性突发事件的有力保障。例如，美国组建了国土安全部这一功能涵盖范围广的大部门，整合和协调国家安全相关事宜，以有效防止恐怖袭击；澳大利亚则采取“通盘考虑法”防范各种不确定风险。

二、整体性治理的分析框架

整体性治理“并不是一组协调一致的理念和方法，可以看成是一个伞概念，是希望解决公共部门和公共服务中日益严重的碎片化问题，以及加强协调的一系列相关措施”[2]。因此，整体性治理的分析框架亦是一个复合体系，它包含了治理理念、协调机制、组织整合、信任培育等方面。

（一）治理理念

整体性治理在理念上追求责任感和公共利益导向，将公民个人生活事项而非政府事项作为治理的首要选项。Perri 6等在其著作中反复强调责任感。他认为，责任感是由诚实、效率与有效性三方共同构建而成的，并可以从管理层次、法律层次、宪法层次来寻求责任感。[3]

工具理性和价值理性同为整体性治理的关注重点，二者的有效结合能使政府的职能重新回归到公共服务上。该治理理论追寻的是为社会提供成本更低而

[1] 汪建昌.理想与现实：构建网络型的府际关系[J].理论导刊，2010（4）.

[2] CHRISTENSEN R，LAGREI P.后新公共管理改革——作为一种新趋势的整体政府[J].中国行政管理，2006（9）.

[3] PERRI 6，et al.Towards holistic governance：the new reform agenda[R].New York：Palgrave Macmillan，2002：241.

质量更好的服务。Perri 6等提出，整体性治理致力于为复杂并且高度分散的治理机构和治理层次寻求共同的目标：为要求越来越严格、鉴赏力越来越独特的公众提供更高质量的服务。[1]整体性治理以公众需要为目标，使公平、正义、回应性等民主思想得以复兴，效率也得以肯定和凸显。

（二）协调机制

官僚制背景下强调的分工和专业化会不可避免地带来协调的问题。同时，协调问题可以说是整个公共行政领域中永恒的研究主题之一。然而，随着时代的发展和组织环境的变迁，“协调”这一亘古的话题也被赋予了新的含义，它所协调的目标、范围和方式都发生了变化。整体性治理理论中涵盖的“协调指的是在信息、认知和决策方面理解相互介入和参与的必要性，并非定义不精确的行动”。整体性治理所提倡的协调机制包含了极其丰富的内容，既包括对行动者之间的利益协调，也包括了行动者和整个组织间合作关系的协调，具体是指：“价值协同”协调、“信息共享”协调及“诱导与动员”协调。此外，由于整体性治理以网络结构为基础，因而对于行动者而言，在目标分配与方案制定等方面可能存在着相容或冲突的关系。在这里，协调机制的功能就得以发挥，它能够缓解冲突，在行动者当中塑造和强化出一个共同的目标，同时反向增强网络结构的凝聚力，最终达成协同效应。为此，网络结构应尽可能减少互赖性导致的不确定性，这样才有利于创造协同效应。作为协调机制的重要组成部分，信息共享系统在很多方面与整体性治理是匹配的。在数据库的建立和使用方面，可以选择使中央和地方政府及各机构必须遵守的一套数据标准；也可以选择针对不同对象制定单一的中央数据库，各个部门和机构均可使用。但是，这些通信技术是否运用于政策协调最终是由政府决定的。

（三）组织整合

整体性治理中的另外一个重要概念即“整合”。整合在整体性治理话语中

---

[1] PERRI 6，et al.Towards holistic governance：the new reform agenda[R].New York：Palgrave Macmillan，2002.

指的是“通过向公民提供满足其需要的以及无缝隙的公共服务，进而达到整体性治理的最高水平”。[1]整体性治理强调政府内部及多元主体的整合。在政府内部整合层面，为了更好地履行工作职责应该跨越边界进行工作。跨界工作分为横向整合和纵向整合两个层面。横向整合主要是在不同部门之间进行；纵向整合主要是在上下级之间进行。各个部门和层级之间可以利用网络信息技术的连接使用来应对日益频繁的跨界公共议题。Pollitt认为整体性治理除了能跨界、跨层级进行整合之外，还能使政府部门与营利组织或非营利组织之间进行整合协调，共同完成一致的目标，这样便实现了多元主体的整合。希克斯也描绘了整体性治理的三维立体整合模型即以治理层级为高、治理功能为宽、公私部门为长的长方体（如图1-1所示）。他认为立体模型中表达的多种空间结构和多种参与方式能够有效化解复杂和棘手的公共问题。

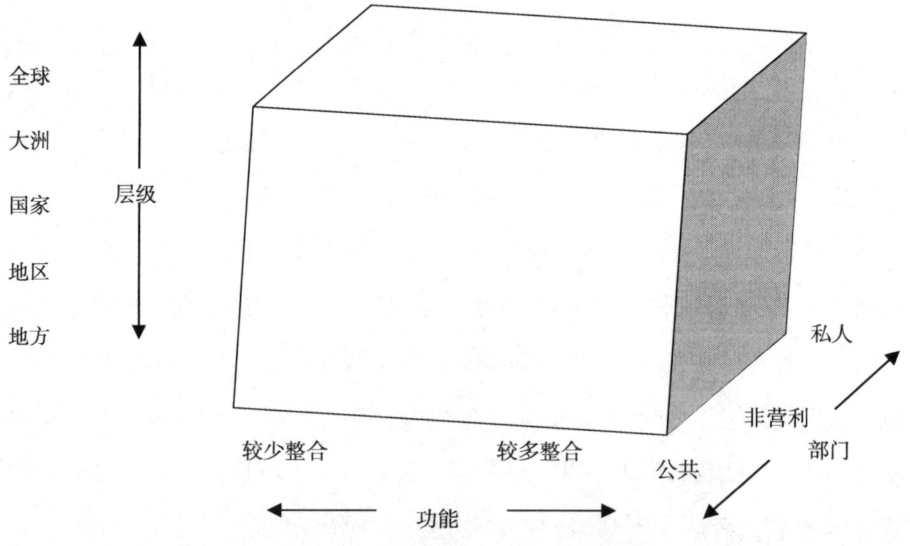

图1-1　三维立体的整体性治理整合模型

资料来源：PERRI 6，et al.Towards holistic governance：the new reforma genda[R]. New York：Palgrave Macmillan，2002：29.

---

[1] PERRI 6，et al. Towards Holistic Governance：The New Reform Agenda[R]. New York：Palgrave，2002：34.

（四）信任培育

信任是整体性治理中的一项关键性因素，它是连接行动者与组织共同解决公共问题的桥梁与纽带。信任是推动力，它推动社会稳步向前发展；信任是凝聚力，它凝聚各方力量共同解决公共问题。但是，信任也具有不确定性、易逝性及风险性。整体性治理的网络治理结构中组织没有上下级的隶属关系，它是多个组织相互依赖的整体。希克斯认为要将不同的行动者和组织联合起来共同解决公共问题，在信任培育方面需要做出以下几方面的努力[1]：适时地与其他机构对话并充分考虑其他机构的运作问题；为有效地应对组织现有基础知识和能力之间，以及新的管理方法和能力之间的张力，需要出现不仅具有合法性而且还掌握信息资源及具备良好沟通能力的“新领导者和英雄”；由于跨界运作无法确定安全系数，因此，蕴含着风险，管理者需要能够容忍这种不确定性；跨界运作减少控制性的管理，表明对人员的行动进行较少的监督，让人拥有更多地发挥主观能动性的机会；有效建立承诺的三种方法：一是让他人明确组织的目标和使命；二是让他人产生认同感与归属感；三是高层管理者认可的行为方式及人事政策，在基层管理者和职业人员中通过分散的团队和结构及有效的激励机制来推行整体性运作方法，为了鼓励一些从事跨界工作的人员可以在专业、职位及薪酬支付方面适当采用非正式的方法，通过培训使各级管理人员充分了解整体性运作，进而提高治理绩效。

三、整体性治理的域外实践

整体性治理被视为第三次行政学改革的典范，它的实践运用始发于英国，之后迅速发展到澳大利亚、新西兰、美国等国家，掀起了西方国家公共治理改革的浪潮并对这些国家的公共治理起着重要的指导作用。

---

[1] PERRI 6，et al.Towards holistic governance：the new reform agenda[R].New York：Palgrave Macmillan，2002：128.

（一）英国的实践

作为整体性治理思想诞生地的英国，同时也是将该治理理论运用得最为彻底并取得最大成果的国家。1997年，首次由希克斯提出的整体性治理理论被执政党——工党视如珍宝。为了有效加强部门之间的协调功能，新政府对首相办公室进行了重组，扩充下设四个次级小组：行政组、政治协调组、政策组和新闻组。之后，还成立了社会排斥小组和战略沟通小组并在新内阁事务部设立社会整合局，欲在此基础上构建出一个整合型政府。1998年，英国政府按照该理论的治理理念对"公共服务协议"进行改革，并对公共服务信息进行文件化改进。同年，颁布了《现代化地方政府白皮书》，以号召各地方政府积极响应这次整合行动。次年，布莱尔政府又颁布了《现代化政府白皮书》，旨在对整个公共治理界进行整体化革新，改革内容主要涵盖以下五项政策内容：如何制定改进政策；如何提供回应性的公共服务；怎样定位公共服务的价值；怎样提高公共服务质量；如何建立信息时代的新政府管理模式。内阁秘书处则认为这些政策的落实有赖于以整体性治理理论为指导推行"文官改革方案"。通过白皮书中有关政策制定、公共服务及信息技术等方面的改革实践可以看到"协同政府"改革在英国发展的道路。新工党政府强调在政策制定层面，鼓励部门之间加强跨界合作，充分考虑受政策影响的所有人群，扩大政策制定的参与范围，提高政策制定水平和质量。在提高公共服务层面，以理性的态度对待竞争，鼓励公共部门的合作，推进整合服务，建立高效投诉机制及24小时全程服务规章。在信息技术层面，首先，信息技术的运用被看作是改善政府间分裂状态、促进部门合作的有效手段，特别是用作加强中央与地方政府间的关系；其次，信息技术还能提高政府服务质量，为打造"协同政府"提供强有力的科技支撑。[1]

（二）澳大利亚的实践

整体性治理理论从英国蔓延到澳大利亚后经过实践也取得了显著的成绩。

---

[1] 陈峥．合作政府：英国行政改革的新走向[J]．东南学术，2002（5）．

在实践过程中，澳大利亚政府的最主要目标是将横向协作应用于中央集权之上。首先，注重等级观念，强化中央政府的权力，同时使总理办公室在政治和行政上拥有突出的地位。主要做法是将不同层级和不同职能的部门进行整合，建立联合中心，削弱下级机构及组织的自治权，同时，将专门机构划归中央管制范围内，既强化中央权力又凸显总理办公室的职能。其次，实行整合战略，由总理或内阁组建系列跨组织、跨部门项目的新组织机构，以此增强协作能力。2002 年以来，澳大利亚陆续将整体性治理应用于包括国家安全、教育、能源、农村发展、家庭与就业及反恐主义等领域，突破了传统管理模式的桎梏，并取得了显著的成效。[1]澳大利亚通过成立“内阁执行处”这一自上而下的机构来有效解决跨界棘手的公共治理难题。澳大利亚注重发挥下级组织的作用，提供无缝隙公共服务，为其他国家在公共治理方面提供了有益借鉴。

（三）美国的实践

美国在经历“9 · 11”事件后，为了应对日渐棘手的跨界公共安全议题成立了一个超级大部门——国土安全部。此部门是在整合原有 12 个相关职能部门的基础上成立的，在一定程度上解决了管理分散造成的效率低下。政府采用重新整合策略，将原来私人领域的 2 万多名机场安全工作人员列入联邦文官管理体系，这些措施有效化解了复杂多元的公共安全问题。另外，为了给公众提供“无缝隙而非分离”的公共服务，政府对整个组织网络与服务流程进行了全面整合和再造，建立起包括各类职能部门的一站式服务网站。例如，科罗拉多州进行的司法信息网络一体化的改革。

在公共服务供给方面，俄勒冈州基于整体性治理的“以公民生活事件为中心”的价值追求“无错门”的活动改革，以确保公民在州这一层级也能够获得

[1] CHRISTENSEN T，LAGREI P. 后新公共管理改革——作为一种新趋势的整体政府[J]. 中国行政管理，2006，(9)：83-90.

政府提供的公共服务。此外，政府还借助网络技术将不同层级和程序的内容进行整合，如将智能表格和咨询通报等应用于电子政府，从而为公民提供整合型的快速政务服务。

综上所述，西方国家纷纷将整体性治理的理念运用到国家公共治理的实践当中。基于整体性治理的改革已在世界范围内得到实践，其实践中的理论体系也在不断完善并接受实践的检验。

第三节　整体性治理与跨域公共危机治理的契合性分析

一、跨域公共危机治理需要整体主义思维

整体性治理在某种意义上是对新公共管理的反思和重构，是由个人主义转向整体主义思维的蜕变过程，也是对中央集权的回落。跨域公共危机不仅对危机发生区域造成了巨大损失，它所导致的恶劣影响往往会扩展到更大范围的周边区域。对跨域公共危机进行有效的治理需要运用整体主义的思维视角，地方政府之间要达成公共危机共识，这是地方政府间建立协作机制，实现整体目标的前提和基础。在跨域公共危机发生的现实情境中，地方政府间及不同部门之间往往对危机的认识不足且分散，加上基于地方利益及职能的考虑，地方政府之间对于跨域公共危机影响力的考量不同。有的地方政府或许会抱有侥幸心理觉得危机波及本区域时影响已经削弱，因此，把危机治理寄希望于其他受影响更大的地方政府。另外，对危机认识度的不同也造成跨域危机治理中府际之间和部门之间的协作难以及时有效展开，制约跨域公共危机的有效治理。总之，“整体主义”思维的构建有助于跨域公共危机治理“整体性效率”的提升。

二、整体性治理与跨域公共危机治理旨趣相同

整体性治理与跨域公共危机治理的根本价值理念相契合。整体性治理的主导理念是满足公民的需要并将解决公民生活问题作为核心任务。整体性治理通过对多元治理主体的整合，建立横向相连的组织结构，综合运用现代技术，构建协调一致、持续高效的政府管理，更好地履行政府社会管理和公共服务的职能，实现公平性、回应性和责任性等民主价值及公共利益，解决竞争性治理造成的碎片化困境。跨域公共危机危害公民生命财产及社会稳定，对其进行治理是切实保障人民群众利益，实现公共利益的重要表现，也是跨域公共危机治理的价值所在。

三、网络化的治理结构与跨域公共危机治理结构契合

其一，网络化的治理有利于促进多元主体参与。整体性治理是与部门主义、各自为政等相反的治理方式，主张建构网络化的治理结构。跨域公共危机的复杂性和利益多元化对地方政府也提出了网络治理的需求，需要治理主体多元化。地方政府只是作为一个治理主体而不是唯一的权威中心，它负责提供一个可供各方主体参与的交流平台，多元主体之间是平等的合作关系，主体间就公共危机治理进行协调、合作，形成一致的意见并共同参与付诸行动。跨域公共危机治理的主体具有多元性，它包含了政府、市场、非政府组织等。跨域公共危机治理主体的多元性有别于传统的治理模式，它不再强调集中控制和统治，主张分权化的思维，公共权力得以共享，主体间是平行交互却相互影响制约的关系。地方政府在跨域公共危机治理中担任着元治理的角色，其治理关注点也逐渐从“管理控制技巧”转移到“赋能”上，跨域治理能力的主要表现在激发与诱导、合理规制、规范与协调等方面，而政府以外的治理主体（如非政府组织、市场、公民社会等）的参与意识和治理能力也影响甚至直接决定着跨

域治理的水平及其绩效。❶

其二，网络结构有利于促进治理决策的多元互动。网络结构中行动者普遍采用同一种协作方式进行沟通，旨在形成共同的价值认同感。网络化结构既包括纵向的中央政府和地方政府，还包括横向的地方政府之间及政府、企业、公民社会与非政府组织的协作关系。这种网络化结构的特征是多元、开放、分权和动态的，它有别于政府、市场的组织网络。跨域公共危机治理的网络结构特征使政府、企业及非政府组织等治理主体的决策更加多元化，彼此间的协作尊重各方主体的利益，呈现出一种高效稳定的治理结构优势。然而，由于网络中的各主体之间在自身资源、目标定位等方面存在差异，因此，尽管参与主体之间是平等的地位，网络化关系更多时候会表现出一种不对称的关系，导致一种不平衡的状态。

其三，网络结构促进绩效评估多维性视角的形成。网络结构中各参与主体之间是平等的关系，彼此是有着共同价值理念的互动关系，与科层制所强调的权威、权力不同，网络结构是一种基于信任和认同的结构。当前，我国跨域公共危机治理绩效呈现单向度的评价，从某种程度上忽视了公民和其他利益相关者的诉求，也使得民主价值受到了弱化。治理主体既是“裁判员”又是“运动员”的绩效评价体制，易使评价流于形式。因此，充分发挥各方主体的评价作用，才能切实反映公共危机的治理绩效。网络化结构有利于从不同视角促使跨域公共危机治理绩效形成多维视角。

四、整体性治理的机制适用于跨域公共危机治理

其一，协调机制——跨域公共危机治理的有效手段。要实现跨域公共危机治理，各地方政府就必须打破边界、消除隔阂，通过协调社会资源以达到有效治理。新公共管理强调的是分权化，易造成地方执行机构与横向部门之间的沟通障碍、协调不畅的情况时有出现。整体性治理倡导的是一种具有弹

❶张成福，李昊诚，边晓慧.跨域治理：模式、机制与困境[J].中国行政管理，2012（3）.

性的、多样的协调机制，主张通过激励手段和诱导手段使组织间、部门间等达成一致的目标和方向，共同行动。在跨域公共危机治理过程中，地方政府各部门是一个伞状的结构而非功能分化的组织，危机灾害涉及的区域打破组织壁垒，形成密切配合的协调机制。跨域公共危机的不可分割也使地方政府的相互协作成为可能，“如果说政府间关系的纵向体系接近一种命令服从的等级结构，那么横向政府间关系则可以被设想为一种受竞争和协商的动力支配的对等权力的分割体系”。[1]因此，跨域治理应建立利益平衡机制，实现“合作博弈”，协调利益机制以有效进行跨域治理。跨域公共危机发生时，若某一地方政府对危机治理采取“单兵冒进”其治理效果必然不佳。地方政府要从区域整体利益出发，实现区域治理的协调统一，从而有效实施跨域公共危机治理。

其二，整合机制——跨域公共危机高效治理的技术路径。在对新公共管理批判的基础上，整体性治理理论提出要加强纵向层级、横向层级和公私部门的整合。跨域公共危机治理中，存在程度不一的组织层级、部门功能、公私部门合作的困境。地方政府碎片化治理使得部门之间独立运作缺乏整合一致的行动，信息存储无法共享，组织间没有形成合力。而整体性治理的目标是跨越组织界限，整合各方资源，实现政府既定的政策目标。具体而言，可从三个方面进行整合：一是预算。对跨域公共危机的治理进行整体预算有助于加强部门之间的联系。二是整合技术资源和人力资源。技术与人力资源的协作配合可以有效消解跨域合作的不确定性。三是信息。通过知识和信息的共享，以此增进跨域公共危机治理中主体间进行有效的信息交换和共享。整体性治理所倡导的整合机制有利于解决跨域公共危机治理中存在的复杂性、棘手性公共议题，有效的整合也有利于提高跨域公共危机治理的绩效。因此，整合机制是跨域公共危机高效治理的技术路径。

[1] 理查德.美国地方政府的管理：实践中的公共行政[M].九州，译.北京：北京大学出版社，1997：162.

其三，信任机制——跨域公共危机治理的潜在动力。信任是一种心理预期，即对暂时无法确定的或不知行为者的行动条件下选择相信该行动者可能的未来的行动。在协同治理中，信任是协同管理的支撑点，它能使协同者之间产生安全感，同时，信任也是社会资本的重要构成部分。在共同协作当中合作的可能性有时取决于信任水平的高低。对于跨域公共危机治理而言，地方政府之间的信任机制构建也是很有必要的。“信任作为一种‘道德资本’，它的使用只会使这种资源的供给增加而非减少。”[1]希克斯指出整体性治理所包含的内生结构由相互依赖的多个组织组成，信任机制则是组织者和参与者之间所需要的关键因素。在跨域公共危机治理中，各个治理主体在相对应的区域呈现出网络化结构，提高行动参与者的信任度有利于提高危机治理的效率。

信任是社会资本进入危机治理的助推器。社会资本具有天然的逐利性，跨域公共危机治理中地方政府各自为政，缺乏信任，造成了社会资本引入的障碍。因此，信任机制也成为社会资本进入公共危机治理领域的关键要素。

五、治理呈现跨部门性、跨层级性，需要进行整体性整合

其一，跨域公共危机治理呈现跨部门的特点。所谓跨部门是指危机治理牵涉不同职能部门，而且涉及组织之间权力和利益的分配协调问题。危机治理的跨部门具有广义和狭义之分，广义的跨部门治理指的是公私部门和非政府组织以联合的方式解决难题。狭义的跨部门治理是按照政策议题及职能分类进行划分，政府各部门因政策议题等原因造成的协调问题。跨域公共危机治理是各区域相互之间紧密联系的，如果危机治理过程中的某个环节出现问题就会产生连锁反应，后果具有不确定性。以水资源污染为例，水利部门具有水量分配权，环保部门负责水质和水环境的监管，流域机构只是水利部门的派出机构，隶属于水利部门。流域机构如果“干涉”则有“越权”的质疑。因此，跨域公共危机治理这种跨部门性容易造成地方政府部门之间推诿扯皮，

[1] 欧黎明，朱秦.社会协同治理：信任关系与平台建设[J].中国行政管理，2009（5）.

耽搁危机治理的最佳时机。

其二，跨域公共危机治理涉及纵向的行政层级关系。行政层级属于政府间关系，它是在从中央到地方的各级政府之间对管理职能进行配置，对管理权限进行划分。行政层级与行政效率紧密相关，一般来说行政层级越多行政效率越低。跨域公共危机治理主要由地方政府推动及执行，可是仅由某一地方政府进行跨域公共危机治理又是不奏效的。在跨域公共危机治理中，除了要依靠中央政府政策和资金的支持，还要依靠涉及区域的各级地方政府的政策贯彻与执行。由于不同层级的政府在权限与职能方面有明确的划分，这种纵向层级关系直接决定了行动者的行为。行动者选择的范围受上下级关系的影响，行动者的交易成本则受组织间关系的影响。水污染是具有典型跨域性质的公共危机，按照《中华人民共和国水污染防治法》的规定流域管理机构与江、河、湖所在区域的省、自治区及直辖市的有关管理部门共同规划管理流域。可是，在现实当中，国家在编制流域规划的时候，中央与地方的协商往往流于形式，地方政府很难在决策中起到重要作用。这就容易造成地方政府对流域机构编制的规划产生异议，在排污总量及水量分配等问题上争议较多。加之流域机构并无实际权力干涉地方政府，因此地方政府对流域机构的督导采取规避态度。这种跨层级体制影响到政策信息的有效传递，也削弱了行动者的合作意愿。在涉及跨域公共危机治理时，跨层级性常引发中央与地方政府的博弈。因此，跨域公共危机治理具有跨层级的棘手性特点。

第二章 模式分析：治理模式选择

政府治理模式是实现政府有效治理的重要手段，而选择何种治理模式是实现政府良好治理的关键。当然，政府治理模式的选择是与政府治理的对象直接相关的，针对不同的研究样本选择不同的治理模式。本章主要是对政府治理模式的变迁过程和跨域公共危机样本进行描述，并运用所选择的治理模式——整体性治理模式对研究样本进行观察和分析。

第一节 治理模式变迁与趋向

在政府治理中，有三种类型的治理模式比较具有典型代表意义。它们分别是科层型治理模式、市场型治理模式和整体性治理模式。这三种类型的治理模式既相互联系又相互区别，下文中将分别进行介绍并比较。

一、科层型治理模式

科层制也被称为官僚制，它是一种根据职能及职位对权力进行划分的，并运用严格程序对客体进行管理以实现效率最大化的管理模式。科层制具有专业性、规则性、技术性、等级性和非人格化五大基本特征。韦伯认为科层制是最理想的政府组织形态并预言这一政府组织形态将会被普遍采纳和推广。

科层型治理模式具备了科层制的特征，它以利益至上为原则，通过专业化、技术化、权威化等治理方式对政府组织进行协调，其目标是实现政府组织的高效率。科层型治理模式运用的是科层制的理论对政府组织进行协调治理的一种范式。从技术的角度看，政府组织运行的高效率有赖于科层型治理模式的推行。在传统公共行政时期，科层型治理模式是最合理的治理范式之一。经济学领域对科层型治理模式有着较为深入的研究，从经济学角度来看，科层型治理模式处在资产专用性、不确定性及交易频率的交易环境中。威廉姆森认为科层型治理模式具有的优势是："就激励的意义而言，科层制减弱了作为双方均不受对方控制的正常谈判之缩影的侵犯性的态度倾向。科层制最显著的优势也许是，在科层制内部可以用强制实施的控制手段比市场更为灵敏，当出现冲突时拥有一种比较有效的解决冲突的机制。"[1]也正是基于此种原因，中央集权在科层型治理模式中特别重要。中央集权的存在，中央政府就拥有了独一无二至上的权力，能够打破跨域公共危机中的行政区划阻隔，有效地将各地方政府所拥有的资源进行整合，从而实现统一治理。

制度经济学认为科层型治理模式能够决定交易费用中的有限理性和机会主义等因素，因而能够极大降低交易成本，增进协调。主要方式是：其一，科层制的专业化拓宽了理性的有限性，也就是缩减了有限理性的限度；其二，科层制的选择性方式可以有效应对机会主义；其三，科层制通过协调的方式使相互联系的各组织更具有可预测性，从而减低了交易的不确定性；其四，科层制采取强制命令的方式来处理交易中的不确定性；其五，科层制为了加强内部信息的沟通采取了审计等措施；其六，科层之间交易的目的是获得满意的氛围。

在实践中，科层型治理模式具有不少成功治理的案例，但其治理效能也并非是无懈可击的，科层型治理模式仍然是有局限性的。由于科层型治理模式过于强调专业化的分工，以及科层制式的权力划分，最终会造成部门与功能的碎片化、信息不对称与服务裂解性等问题。与此同时，科层型治理模式对理性效率的盲目崇拜，忽视了人性关怀，政府组织变得更为等级森严，缺乏沟通与合作，公民的积极性和主动性被压制。罗茨据此提出了"科层制反功能怪圈"。基于制度主义的理论，奥斯特罗姆对科层组织内的协调机制为何会有失败的可

[1] 奥利弗.反托拉斯经济学[M].张群群，黄涛，译.北京：经济科学出版社，2000：29-30.

能性进行了分析，认为这一机制需要建立在以下基础之上，即中央政府对信息绝对充分的掌控、中央政府有极强的监督能力、中央政府的制裁必须可靠有效及接近零的行政费用。这些前提的实现缺一不可，但事实上却很难完全具备，如中央政府一般不可能获取到绝对完全的信息，从而影响其决策判断，继而导致各种各样的失误，如对资源负载力的评估偏于主观，定下的罚金过高或不足以产生惩罚效果等。对此，毕瑟姆也深表赞同，他认为科层型协调机制中政府在获得信息和处理信息方面存在着结构性障碍：科层制组织“要求具备自下而上传递信息的有效通道”，但其结构特点表明，“它以金字塔的形式建构起来，越是到高层越是狭窄，并且，尽管这对于分解任务和处理自上而下的指令来说也许是一种有效率的结构，但在处理自下而上的信息时，却有可能造成大量的超载或阻塞问题……层级制既承受信息短缺之苦，也遭受信息泛滥之害。更确切地说，就是信息不到位。”[1]

科层型治理模式这一强调自上而下的命令控制还容易造成以下消极的后果。一是长期被动式习惯于接受中央指令和规章会使地方政府的自主性和独立性受到压制，这样地方政府就很难产生自觉性和主动性进行跨域公共危机治理的合作。跨域公共危机所涉及的地方政府之间会产生矛盾和隔阂，除了消极采用中央所制定的规定之外，自身很难进行信任、互惠的跨域公共危机治理。二是中央集权的办法下容易重蹈计划经济中央高度集权“一收就死，一死就放”的老路。因此，这一治理模式也很快被另一种治理模式——市场型治理模式所替代。

二、市场型治理模式

在对科层型治理模式进行反思和批判的基础之上，市场型治理模式将竞争激励机制与企业的管理手段引入公共服务当中，不但强化了政府组织间的竞争还开始重视企业般的管理，从而实现有效治理。市场型治理模式的目标是提高服务供给的效率，建设竞争型与企业型的政府。市场型治理模式是20世纪70

[1]毕瑟姆.官僚制[M].韩志明，张毅，译.吉林：吉林人民出版社，2005：10.

年代英国、美国、新西兰等西方国家纷纷采用的一种治理范式，具有一定的国际化趋向。市场型治理模式以市场化与分权化为工具，具有民营性的特质，对提高政府效率、减少行政开支、增强政府对社会的回应性及自身组织架构的灵活性等方面起到了较大作用。市场型治理模式试图通过自由市场来弥补科层型治理模式的不足。“当一种共用资源被转变为个人物品并被拥有时，对它的维护和有效管理就变得可能了。为了实现财产长期价值的最大化，私人所有者会对这些先前属于共用资源的物品实施谨慎管理”[1]。亨利在其《公共行政学》的著作中论述道“公有还是私有是重要的，但有竞争还是无竞争往往更重要”[2]，市场型治理模式的两大优势就是市场竞争与产权自由。这两大优势在实践中可以使市场型治理模式发挥强劲的优化资源配置的本领，从而实现对共用资源的理性消费。

然而，市场的力量并非古典自由主义者所鼓吹的那样是万能的。1929年发生的那场席卷西方国家的“大萧条”打破了古典自由主义推崇的“市场神话”。市场型治理模式的失灵现象难以避免。正如沃尔夫所言：“如果听任市场自身运行，那么它产生的再分配将比他的效率更少。”[3]

总而言之，市场型治理模式在跨域公共危机治理中不但可以直接减少危机治理所使用的资源配置方面的负面作用，而且还能通过市场的调节化解跨域危机中政府之间在资源配置方面产生的矛盾。市场型治理模式可以有效协调跨域公共危机中政府之间的关系，尽可能减少跨域治理的负外部性，推动跨域公共危机的合作治理。但是，市场型治理模式虽然并不是一种完美的治理模式，存在着一定缺陷，容易产生跨域公共危机治理的部门碎片化、权力碎片化、服务碎片化、机制碎片化和制度碎片化等，需要一种全新的、更具整体性的治理模式所替代。

---

❶萨瓦斯.民营化与公私部门的伙伴关系[M].周志忍，等，译.北京：中国人民大学出版社，2002：55.

❷亨利.公共行政学[M].项龙，译.北京：华夏出版社，2002：328.

❸沃尔夫.市场或政府：权衡两种不完善的选择[M].谢旭，译.北京：中国发展出版社，1994：113.

三、整体性治理模式

整体性治理模式是在对科层型治理模式和市场型治理模式批判继承的基础之上发展起来的。它针对科层型治理模式和市场型治理模式导致的政府组织碎片化与服务裂解性等问题构建一种全新的治理模式。整体性治理模式是以公民需求为导向，同时也注重结果导向，“着眼于政府内部机构和部门的整体性运作，主张管理从分散走向集中，从部分走向整体，从破碎走向整合”[1]。整体性治理模式强调从竞争迈向协调、合作和整合，从而为公民提供无缝隙的公共服务，构建整体性治理模式的运行框架。整体性治理模式对科层型治理模式进行了合理的吸收与借鉴，继承了科层型治理模式所运用的等级式架构。同时，整体性治理模式也对市场型治理模式进行了合理的吸收与借鉴，吸取了市场型治理模式在资源优化配置方面的优势。由前文有关整体性治理的分析框架可知，整体性治理模式的特点在于对政府组织的有机协调、整合，它使政府组织间的关系变得更为紧密且融合，能够更有效地提升政府组织的绩效。

整体性治理模式与科层型治理模式、市场型治理模式既有联系又有区别，具体如表2-1所示。

表2-1 三种治理模式的比较

项目	科层型治理模式	市场型治理模式	整体性治理模式
起源时期	20世纪80年代以前	20世纪80年代至20世纪末期	20世纪90年代末期以来
理论渊源	科层制与政治行政二分法	企业管理和私营业主理论	新涂尔干主义和组织社会学
价值诉求	追求效率和价值中立	以顾客为导向、市场化	回应公民需求、责任、信任等
核心思想	合法性、等级性	满足顾客需求	整体性、整合性、包容性
治理范式	管制、强制	竞争	协调、整合

[1] 竺乾威.从新公共管理到整体性治理[J].中国行政管理，2008（10）.

续表

项目	科层型治理模式	市场型治理模式	整体性治理模式
政府角色定位	划桨者	掌舵者	整体型服务者
目标追求	效率、威权、满足政府需求	私营化、市场化、绩效	政府组织整体性运作、解决个体需求问题
结果评价	输入导向、过程取向	产出和效益导向	结果导向

第二节　案例回放与评析：基于整体性治理的观点

本部分内容主要是运用前面所选择的治理模式——整体性治理模式对一些典型的样本进行描述和观察，选取的主要样本有美国沙门氏菌暴发事件、美国加利福尼亚野火危机和欧洲火山灰云危机等。

一、2018年美国沙门氏菌暴发[1]

（一）案例回放

2018年美国沙门氏菌暴发是一场灾难，250多人因食用被沙门氏菌污染的鸡肉沙拉而感染。其他感染的暴发也得到了证实，罪魁祸首就是火鸡。鸡肉沙拉由艾奥瓦州的食品加工公司Triple T Specialty Meats制作，并在Faraway超市分发。艾奥瓦州有一人死亡，另有90多人住院治疗。至少有48起针对Triple-T和Fareway的受害者提起诉讼。据美国疾病控制和预防中心报告，自2017年11月以来，有35个州共164人因食用火鸡而生病。但是2017年没有产品被召回，美国疾病预防控制中心发出提醒，要求个人正确烹饪和处理火鸡。

美国疾病预防控制中心与相关州的公共卫生和监管官员以及美国农业部的食品安全和检验局调查了多次暴发的鼠伤寒沙门氏菌感染。据报道有8个州265人感染鼠伤寒沙门氏菌，另有94人住院，其中一人死于艾奥瓦州。流行病

[1]笔者根据以下材料整理https：//www.cdc.gov/salmonella/typhimurium-02-18/index.html.

学，实验室和追溯证据表明，由Triple T Specialty Meats公司生产并在Fareway杂货店出售的鸡肉沙拉可能是这次多州暴发疫情的原因。

公共卫生调查人员使用Pulse Net系统来识别这次暴发中的疾病。Pulse Net是由CDC协调的公共卫生和食品监管机构实验室的国家子类型网络。通过使用称为脉冲场凝胶电泳（pulsed field gel electrophoresis，PFGE）和全基因组测序（world geodetic system，WGS）的技术对从患者分离的沙门氏菌进行DNA指纹分析。CDC Pulse Net管理这些DNA指纹的国家数据库，以确定可能的疾病暴发。WGS比PFGE提供更详细的DNA指纹。

来自8个州的265名感染鼠伤寒沙门氏菌的人可以在“案例计数映射”页面上找到状态列表和每个案例的数量。对从病人身上分离的细菌进行的WGS表明它们与遗传密切相关。这意味着此次爆发的人更有可能分享共同的感染源。

疾病始于2018年1月8日至2018年3月20日，患病年龄从不到1岁到89岁不等，中位年龄为57岁，67%的患者是女性。据报道有94人住院治疗，其中包括一名死于艾务奥州的人。WGS分析未确定127种分离物中的112种（来自病人的110份样本和食物中的2份）的预测抗生素抗性。来自病人的15个分离株含有对所有或部分以下抗生素具有抗性的基因：阿莫西林－克拉维酸，氨苄西林，头孢西丁，头孢曲松，庆大霉素，链霉素，磺胺甲恶唑和四环素。这种抵抗力不太可能影响大多数人的治疗，但是一些感染可能难以用常用的抗生素治疗，并且可能需要不同的抗生素。疾病预防控制中心的国家抗菌药物耐药监测系统实验室使用标准的抗生素耐药性测试方法对这次暴发的三名病人进行临床分离。这些分离株对任何测试的抗生素都没有耐药性。

流行病学、实验室和追溯证据表明，由Triple T Specialty Meats公司生产并在Fareway杂货店出售的鸡肉沙拉可能是这次多个州暴发的原因。艾奥瓦州的公共卫生官员首先发现了这次暴发并将疾病与Fareway杂货店出售的鸡肉沙拉联系起来。疾病预防控制中心搜索PulseNet数据库，发现了其他州的疾病信息，并将这些疾病加入了这次疫情。在采访中，病人在他们生病前一周回答了他们吃的食物和其他暴露的问题。在接受采访的222人中，194人（87%）声称吃了从Fareway杂货店购买的鸡肉沙拉。Triple T Specialty Meats公司生产了患者吃的鸡肉沙拉。

2018年2月9日，在艾奥瓦州检查和上诉部门与该公司就疾病联系后，Fareway停止在其所有商店出售鸡肉沙拉。艾奥瓦州公共卫生部和艾奥瓦州检查和上诉部于2018年2月13日发布消费者咨询，警告人们在Fareway出售的鸡肉沙拉可能被沙门氏菌污染。艾奥瓦州的调查人员从艾奥瓦州的两家Fareway杂货店收集鸡肉沙拉进行实验室测试，在两个样品中都鉴定出鼠伤寒沙门氏菌的暴发株。

在2018年2月21日，Triple T Specialty Meats公司召回了2018年1月2日至2018年2月7日生产的所有鸡肉沙拉。召回的鸡肉沙拉从2018年1月4日到2018年2月9日分别在伊利诺伊州、艾奥瓦州、明尼苏达州、内布拉斯加州和南达科他州Fareway杂货店的熟食店通过各种重量的容器出售。疾控中心建议人们不要吃在Fareway杂货店出售的任何剩余的鸡肉沙拉，包括任何已冷冻的沙拉，建议扔掉它或将它送回购买地点。

（二）案例评析——基于整体性治理的观点

这起美国沙门氏菌暴发事件，一时间牵起了众多民众的心。美国沙门氏菌事件是一起具有典型跨域性质的公共危机事件，它直接危害食用者的健康安全，也在考验政府政策执行力在民众心中的地位。被沙门氏菌污染的鸡肉沙拉事件属于食品安全事件，它的流通性极强，因此它的影响具有扩散性与广泛性而不仅局限在某个区域之内，对其进行治理也不是一个部门能够完成的，需要多个政府和部门共同合作治理。上述案例中，出现了典型的政府管理职能碎片化特征。疾病控制和预防中心早在2017年11月就查明有35个州共164人因食用火鸡而生病，但是并没有将产品及时召回。疾病预防控制中心只是发出提醒，要求个人正确烹饪和处理火鸡。疾病预防控制中心及其他几个州的公共卫生和监管官员、美国农业部的食品安全和检验局都涉及调查沙门氏菌感染。它是典型的多个部门和组织参与管理，职能容易变得模糊不清，政策制定和政策执行也就出现了案例中的滞后性。

二、美国加利福尼亚野火危机❶

（一）案例回放

2018年的野火季节是加利福尼亚有史以来最具破坏性的野火季节，据加利福尼亚州林业、消防和国家跨部门消防中心（NIFC）等部门报道，截至11月30日，共有7983次火灾，烧毁面积为1824505英亩（738351公顷），是火灾季节记录的最大烧毁面积。大火造成超过29.75亿美元的损失，包括13.66亿美元的灭火成本。到2018年8月底，单就卡尔火灾就花费了4.32亿美元。门多西诺综合火灾烧毁了超过459000英亩（186000公顷），成为该州历史上最大的复杂火灾，超越了托马斯之火和1889年的圣地亚哥峡谷之火，成为加利福尼亚州记录中最大野火。

2018年7月中旬到8月，加利福尼亚州爆发了一系列大火，主要发生在该州北部地区，包括破坏性的卡尔火灾和门多西诺综合火灾。2018年8月4日，由于在那里起了大量的野火，在加利福尼亚州北部发生了全国性灾难。

2018年11月，强风导致另一轮大规模的破坏性火灾在整个州爆发。这批新的野火包括伍尔西火灾和营地火灾，后者造成至少85人丧生和11人仍然下落不明。它摧毁了超过18000个建筑物，成为加利福尼亚有史以来最致命和最具破坏性的野火。

导致2018年加利福尼亚州野火季节变得如此具有破坏性的因素有很多。天然燃料量的增加和与全球变暖有关的复合大气条件的组合导致了一系列破坏性火灾。2018年8月发表了对加利福尼亚州野火的研究，预测由于气候变化将

❶笔者根据以下材料整理2018 California wildfires - Wikipedia https：//en.m.wikipedia.org/wiki/2018_California_wildfires

会导致野火数量增加。同时，加利福尼亚州2018年野火灾的直接贡献者是死树燃料的增加。到2017年12月，加利福尼亚州有创纪录的1.29亿棵死树。

还有大气条件也是原因之一，斯坦福地球系统科学教授Noah Deffenbaugh表示，加利福尼亚州野火的大气条件预计将在未来会恶化，因为加利福尼亚气候变化的影响及“就加利福尼亚州的野火季节而言，过去几年我们所看到的情况与温度升高、干旱增加和野火风险增加的历史趋势非常吻合”。其他专家一致认为，全球变暖是这些极端天气条件的罪魁祸首。全球变暖导致更高的温度和更少的降雨，创造了一个使火灾得到更多燃料、持续更长和火势更强的更干燥的环境。

住宅建筑在荒地—城市界面也会产生影响。荒地—城市界面（或WUI）是指空置土地与人类发展之间的过渡区，也可以包括该区域0.80千米范围内的社区。这些与荒地相邻并被野外环绕的土地和社区面临着发生野火的风险。自20世纪90年代以来，该地区已建成超过43%的新住宅楼。在某些地区，这些地区的新住宅数量为80%。在过去，当这些地区被烧毁时，不会有住宅受到影响，但现在这些建起的住宅最终会被烧毁。

2018年8月7日加利福尼亚州空气质量不佳，北加利福尼亚州和中央山谷在7月和8月火灾高峰期间空气污染物急剧增加，而南加利福尼亚州8月份的空气污染也有所增加。加利福尼亚州北部和中部的空气质量仍然很差，直到2018年9月中旬，当时火灾活动急剧减少后才变好。然而，在11月的营地火灾期间，空气质量再次下降，其中大部分海湾的空气质量指数（AQIs）达到200以上，属于“不健康”地区。

2018年6月4日，帕诺切大火暴发，在圣贝尼托县地区发生了三次火灾。虽然帕诺切大火事件是三场火灾中最小的一次，仅燃烧了64英亩（26公顷），但在烧伤区域的一辆被毁坏的野营拖车中发现了三具遗体。据报道这些遗体分别是母亲、幼儿和婴儿。

2018年7月14日，一名消防员在与弗格森火灾作战时丧生，成为本季第一位牺牲的消防队员。

2018年7月23日，卡尔火灾由于车辆发生故障而引起暴发。虽然卡尔火灾最初几天在沙斯塔县的农村地区燃烧，但它在7月26日晚上穿过萨克拉门托河并进入加利福尼亚州雷丁市区。到第二天早上，两名消防员和四名市民已经去世。

2018年8月4日，太平洋天然气和电力公司的一名员工在车辆事故中丧生，当时他正致力于恢复受卡尔火灾影响地区的服务。

2018年8月9日，一名重型设备机械师在卡尔火灾工作期间因交通事故去世。

2018年8月13日，一名消防员在与门多西诺综合火灾作战时丧生。

2018年11月9日，营地火灾造成至少88名市民死亡，三名消防员受伤，火灾还摧毁了超过10321所建筑物，成为加州历史上最致命和最具破坏性的火灾。

（二）案例评析——基于整体性治理的观点

这起发生在加利福尼亚的2018年野火是有史以来最具破坏性的，该事件是一起典型的跨域公共危机事件。从2018年6月到11月，发生在加利福尼亚的系列火灾是典型的公共危机治理理念的碎片化，主体对危机认知的理念呈现出明显的碎片化特征。加利福尼亚州林业和国家跨部门消防中心（NIFC）都存在着不同程度的治理文化和治理理念的碎片化倾向。他们这种对危机事件认知和责任理念的碎片化，延误了危机治理的最佳时机，还容易造成危机事态没有得到控制而演变为更加恶劣。

三、欧洲火山灰云危机[1]

（一）案例回放

2010年4月15日星期四，格林尼治标准时间11:39，美国国家航空航天局卫星发现冰岛左上角冰岛的火山灰羽流，喷出的火山灰扰乱了整个欧洲的航空

[1]笔者根据以下材料整理https：//www.cbsnews.com/news/iceland-volcano-ash-grounds-european-air-travel/

运输，让横跨欧洲各地的飞机停止了飞行，这是2001年911恐怖袭击事件以来最大范围的停飞。

英国的空域关闭，使希思罗机场的跨大西洋中心变得沉寂，并使世界各地成千上万的乘客滞留。航空官员表示，目前还不清楚何时能再次安全飞行，并表示记忆中这是第一次经历火山灰云使世界上最拥挤的空域之一陷入停滞状态。冰岛的一位科学家表示，喷发的火山可能会将大量的灰烬喷射到空中数天甚至数周，而宾夕法尼亚州天气预报机构的气象学家表示，目前的灰烬羽流将威胁欧洲至少到周日。布鲁塞尔空中交通管理局欧洲空中交通管制局发言人凯拉·埃文斯（Kyla Evans）表示，“根据发生的事情及云的作用，这可能持续数天。”当局警告说，火山灰除了降低能见度之外，还含有玻璃微粒，可以导致飞机引擎故障。

在火山喷发不久，灰烬漂移在大西洋上空6000~11000米，靠近从美国东海岸到欧洲的大多数路线的飞行路径，英国的空中交通服务很快禁止所有紧急航班，直到格林尼治标准时间周五上午6点。英国国家空中交通服务中心的帕特里克·霍伍德（Partrick Hurd-wood）表示，英国空域的关闭是史无前例的，而且从来没有因为涉及火山而关闭。随着灰云向南和向东漂移到欧洲北部，包括英国，爱尔兰，丹麦，挪威，瑞典和比利时当局也关闭了他们的空域。火山灰对飞机构成威胁，因为它会影响能见度，并可能被吸入飞机发动机。火山灰迫使欧洲每天20000个航班中约有4000个航班取消。法国关闭了24个机场，包括主要枢纽之一的巴黎戴高乐机场。当伦敦机场关闭时，几架开往希思罗机场的美国航班必须返回其出发城市或其他地方，包括从芝加哥、旧金山、丹佛、拉斯维加斯和纽约出发的航班。

在华盛顿，联邦航空管理局表示正在与航空公司合作，试图在数百千米宽的巨大火山云周围重新安排一些航班。从亚洲、非洲、中东和拉丁美洲到希思罗机场和其他欧洲顶级枢纽的航班也被搁置。在希思罗机场，通常每天要处理1200多个航班和180000名旅客，乘客每天盯着离开的航班，每次航班都被取消，成千上万的人排着长队等待重新预订无法得知起飞时间的航班。

从游客和商务旅行者到政治家与皇室成员的所有人都陷入了混乱之中。此次危机限制了很多国家的重要活动，如英国2018年5月6日全国大选的一些竞选活动，挪威和荷兰的君主前往丹麦玛格丽特女王的70岁生日庆祝活动，瑞典外交大臣卡尔比尔特从布鲁塞尔乘车前往瑞典。波兰星期五关闭了大部分领空，两天后将为上星期在一次空难中遇难的卡钦斯基总统举行国葬，人们担心火山灰云可能使世界各国领导人星期天前往波兰参加卡钦斯基总统葬礼的行程受阻。

自从2001年9月11日的恐怖袭击事件以来并未出现如此广泛的航班中断。美国国家空中交通管理局表示，尽管许多飞机在9月11日之后停飞，但英国从未停止所有飞行。美国地质调查局表示，从1983年到2000年，大约有100架飞机撞上了火山灰。在某些情况下，发动机在吸入火山灰后短暂停机，但没有发生致命事故。冰岛气象办公室的地球物理学家艾纳尔·凯塔森（Einar Kjartansson）说：“灰烬的产量很可能在几天或几周内继续保持在相当的水平。但是，它是否会影响旅行，得取决于天气，取决于风如何携带灰烬。”

（二）案例评析——基于整体性治理的观点

这场发生在欧洲的公共危机事件，喷出的火山灰云扰乱了整个欧洲的航空运输，让横跨欧洲各地的飞机停止了飞行，但各国空中交通、航空管理、气象部门只是单独行动，没有调动跨域组织等多元主体的积极性，导致多元主体在这场公共危机事件中无法相互协调和整合，治理主体结构呈现出碎片化特征。相关信息分布于不同的治理主体和权力主体，信息管理不统一，权力碎片化，呈现出资源分布碎片化，这样就难以准确反映危机情况，进而会影响到火山灰治理工作效率。公共危机治理所需资源分散在不同的主体当中，但是由于这些资源隶属于不同的管理部门，资源在部门间、系统间协调不足，在公共危机治理中没有发挥应有的作用。

第三章　问题阐释：跨域公共危机治理碎片化

在跨域公共危机治理中，碎片化现象已经成为实现良好治理的重要障碍。本章内容主要是对跨域公共危机治理中所存在的理念和文化碎片化、功能碎片化、结构碎片化、信息碎片化等现象进行阐释，以指出其问题所在。

第一节　跨域公共危机治理的碎片化解读

本节内容主要是对“碎片化”概念进行梳理和解读，从管理学层面对跨域公共危机治理碎片化的内涵进行界定。

一、“碎片化”概念丛林

“碎片化”原指完整的东西破裂成众多零块。源于求生的自然属性，各类生物都会为了更好地生存而划定自己的领地，从而造成了自然界的分割，使其“碎片化”。近年来，“碎片化”一词被传播学、社会学、政治学和行政学的学者们广泛运用，形成了诸多颇有见地的成果，也极大丰富了“碎片化”的内涵和外延。

在传播学领域，“碎片化”一词形象描述了当下中国社会传媒的语境。随着博客、BBS这些新媒介的兴起与发展，传统媒介的传播效能与话语权威直接受到威胁，传统媒介的影响力和号召力已在下降，新兴媒介正在迅速崛起且以更宽泛的渠道表达各阶层的声音。中国社会传播的语境现状正如诸多散落的碎片，通过不同渠道散发出自己独特的声音。

在社会学领域，碎片化体现在阶层的分化。由于社会地位及利益关系的不同，社会内部分化成各个不同的群体。有研究表明，当一个社会人均收入在

1000~3000美元这个区间值时，社会便进入由传统社会向现代社会转型的过渡期，这个过渡期的基本特征就是社会的“碎片化”。[1]改革开放的不断推进，我国出现了阶级的分化、群体的分化和产业的分化等全方位的分化，社会从整体割裂为一个个片段，这就是社会碎片化。

在政治学领域，碎片化与分权、竞争紧密相连，也与传统官僚制的等级制和分工制等有关。由于传统官僚制过分强调分权和专业化，造成了各部门之间条块分割，组织间缺乏协调的功能，造成行政机关之间的碎片化问题。碎片化问题的产生直接影响到公共议题的处理绩效，传统官僚制范式也因此受到批判和质疑。

在行政学领域，国外学者Lieberthal等用“碎片化”一词来表述中国的决策体制，认为政府各部门的官员会根据各自的利益去制定政策或者影响政策制定的过程，中央政府内部机构之间、央地政府间、各级地方政府之间经过争论、妥协和讨价还价式的谈判，最终才制定出公共政策。[2]针对区域公共管理问题，国外学者也引用“碎片化”描述都市化进程中，数量骤增且日益多样化的地方政府作为相对独立的管辖单位包含着大量独立平等的机构，不仅有州政府还有若干城市、城镇群和一些特别区。因此，学者们指出政府职权划分及管理权限所导致的复杂状况就是碎片化的表现。有学者认为“碎片化”是指政府部门内部各类业务间分割、一级政府部门间分割、一级地方政府间分割的政府分割管理模式。[3]

希克斯认为“碎片化”是不同功能与专业组织之间，缺乏沟通与合作，协调机制匮乏，各自为政难以共同解决公共议题，最终导致政策执行失败。希克

---

[1] 孙立平.断裂：20世纪90年代以来的中国社会[M].北京：社会科学文献出版社，2003；李春玲.断裂与碎片：当代中国社会阶层分化实证研究[M].北京：社会科学文献出版社，2005.

[2] LIEBERTHAL K G，LAMPTON D M. Bureaucracy，politics and decision：making in post-mao China[M]. Berkeley：University of California Press，1992：78.

[3] 谭海波，蔡立辉.“碎片化”政府管理模式及其改革路径：“整体型政府”的分析视角[J]社会科学，2010（8）.

斯认为，所谓组织或者功能的碎片化是指不规则的、大批的及畸形的发展，并不是简单两个、多个或均衡的集团化碎裂。在本书看来，碎片化就是指在信息技术的飞速发展过程中，由于过分强调专业分工、分权和专业化，组织中部门、权力、功能、资源、信息等内容被多个主体所分割，彼此间相互冲突与矛盾，表现出不规则的、大批的及畸形的发展趋向，组织间整体性沟通缺乏，整体性协调机制缺失，整体性整合机制不足，整体性信任机制匮乏，各自为政，而导致组织中的部门碎片化、权力碎片化、功能碎片化、资源碎片化、责任碎片化、信息碎片化等现象。

二、跨域公共危机治理碎片化的释义

在风险社会下，世界各国出现的公共危机事件呈现出明显的跨域特征。跨域公共危机治理涉及包括公共部门、企业和非营利组织等在内的多元主体参与，治理绩效取决于多元主体之间的协调与配合。跨域公共危机治理领域中的碎片化是指危机治理多元主体之间因权力上的分化和冲突、职责上的重叠和交叉等所导致的低效治理现象。在跨域危机治理中地方政府的指挥混乱、部门推诿、社会力量整合不足等问题屡见不鲜，从中也暴露出地方政府间协调机制匮乏。跨域公共危机治理中，分散于各部门的信息、资源不能有效整合也会造成碎片化现象。

因而，在跨域公共危机治理过程中，地方政府间存在着治理文化和理念碎片化、治理功能碎片化、治理结构碎片化、治理信息碎片化等问题，这些碎片化问题将成为实现跨域公共危机整体性治理的重要障碍。

第二节　跨域公共危机治理理念和文化碎片化

本节主要是从理念和文化层面对跨域公共危机治理中所存在的理念碎片化、文化碎片化进行分析和阐述。

一、治理理念碎片化

孟子曾说，“生于忧患，死于安乐”。危机防范意识的强弱是一个国家能否强国富国、实现可持续性发展的重要依据。一个国家中最大的危机就是缺乏危机防范的意识。在公共危机频繁发生的今天，若缺少了公共危机防范意识，就相当于放弃生存和发展的机会。跨域公共危机事件的发生并没有明显的前兆，具有很强的突发性、偶然性和不确定性，往往都是在特殊时刻、特殊地点以特殊方式爆发的，各地方政府往往倾向于跨域公共危机的治理，而容易忽略跨域公共危机的防范。伴随着各种公共危机而催生的新公共管理理论强调以效率为中心，主张用企业家精神提高公共部门特别是政府的效率。从某种程度上来看，新公共管理理念确可提高效率，但是过于强调效率和企业家精神的管理思想走向了公共危机治理追求社会公平和公正、公共利益的反面。公共危机治理的理念是公共利益与公民权利、社会责任、社会公正，但是过度追求效率与企业家精神会使公共危机治理的根本理念迷失。受官僚主义的影响，各种权力腐败、权钱交易仍然屡禁不止。跨域公共危机治理涉及多个地区多个部门的合作治理，由于涉及范围较广，需要各个参与主体秉承一致的公共危机治理理念方能协调一致的开展治理行动，效率才能真正有所提高。在跨域公共危机的防范中，如果地方政府基于地方利益和地方财力的考虑，选择在自我管辖范围做一些基础性的防范工作，而在本地方政府管辖范围内的公共危机防范工作，缺少全方位的防范意识，那么地方政府选择成本较少、见效较快、政绩较为凸显的领域进行防范。在面对跨域区域、跨域行业、跨域部门的跨域公共危机的防范，如果地方政府选择回避和推卸责任，那么将会导致跨域公共危机的防范理念碎片化的产生。

（一）跨域公共危机治理的责任理念碎片化

从理论上讲，作为公共权力机构的地方政府，承担着公共利益的实现和公共服务供给的重大责任。政府的管理者和任职者对于公共事务和公民负有政治、法律和行政责任。[1]在跨域公共危机治理中，政府不仅要想公众之所想，急公众之所急，且要想公众之未曾想、急公众之未曾急。换言之，跨域公共危机治理首当其冲地体现为一种较为强烈的政府公共危机责任意识。由于跨域公共危机所涉及范围大多为跨区域、跨行业、跨部门的社会公共领域，其后果是破坏区域内甚至是整个社会正常秩序，除了给公众在生命及财富上造成巨大的损失之外，更为严重的后果就是引起社会心理层面的普遍恐慌及骚乱，直接危及社会稳定和安全。因此，在跨域公共危机治理中，无论是跨域公共危机的发源地，还是跨域公共危机殃及的地区，地方政府都应有遏制和处理跨域公共危机的责任，以充分发挥各地方政府的主导作用，减少跨域公共危机对区域内公共生活的危害，使区域内民众摆脱跨域公共危机所带来的困扰，维护区域内社会的良好秩序。实现政府这个职能目标的前提条件之一，就是政府管理者及任职者首先必须树立公共危机责任意识，认识危机并对其危害进行预想和预测，制定防范和应对危机的策略，在心理上和物质上做到常备无患，一旦危机爆发才能够积极有效地应对，减少危害，迅速恢复社会正常生活秩序，尽到政府公共管理的职责。[2]但是，从目前的情况看，作为理性人的地方政府并没有真正承担起这种必要的责任，而是在跨域公共危机发生时，基于跨域公共危机涉及多个地区、多个部门和多个层级，将自己作为一个独立的系统进行考量，抱有“搭便车”的心态，不愿主动采取必要的行动和有效的治理方式对跨域公共危机进行及时治理；跨域公共危机的相关信息不愿意与其他地方政府共享，缺少与其他地方政府的良好互动，以观望的姿态坐视不管，保持其跨域公共危机治理的“弱参与”状态；有时只是对跨域公共危机进行选择性的治理，习惯于“单打独干”和乐于做“一方之主”，坚守自我偏好，并进行讨价还价，不要承担过多责任；有时面对将带来严重后果的跨域公共危机抱有侥幸心理和机会主

❶ 王浦劬.防治“非典”时期的政府双重管理问题分析[J].北京大学学报（哲学社会科学版），2003（5）.

❷ 李忠荣，淳于森泠.政府创新危机管理体制的若干要点——日本阪神大地震个案分析[J].重庆大学学报，2005（3）.

义意识，在跨域公共危机治理中从本地区的局部利益出发，从本部门的职能和利益判断跨域公共危机，按照行政区划分割的封闭式的管理思维来治理跨域公共危机。可见，这种地方政府对跨域公共危机责任的自我化、封闭化、局部化和机会主义等的理念，共同形成了跨域公共危机治理的责任理念碎片化现象。跨域公共危机治理的责任理念碎片化现象的存在会使在日常的跨域公共危机治理中对跨域公共危机管理的重视程度不够，对其威胁性和破坏性认识不足，对跨域公共危机的发生概率与不良影响存在严重的侥幸心理，不愿承担必要的责任，使跨域公共危机治理中的府际和部门间协作难以及时有序展开，严重制约跨域公共危机的良好共治。

（二）跨域公共危机治理的风险认知碎片化

国际上公认我国为世界上遭受各种自然灾害最为严重的国家之一。据资料显示，2018年各类自然灾害共造成全国1.3亿人受灾，589人死亡，46人失踪，524.5万人紧急转移安置。各类自然灾害共造成9.7万间房屋倒塌，23.1万间房屋严重损坏，120.8万间房屋一般损坏；农作物受灾面积20814.3千公顷，其中绝收2585千公顷；直接经济损失2644.6亿元。据统计，2018年我国自然灾害以洪涝、台风灾害为主，干旱、风雹、地震、地质、低温冷冻、雪灾、森林火灾等灾害也有不同程度发生。其主要特点有：灾害损失在时空分布上相对集中、洪涝灾害呈现“北增南减”态势、台风登陆个数明显偏多、低温雨雪冰冻和旱灾发生时段相对集中、地震活动下半年相对较强。[1]从以上触目惊心的数字上看，可以得出的结论是在各种突发性公共危机事件和跨域公共危机面前，民众的应对能力相对比较弱，从而各种突发性公共危机事件和跨域公共危机给人们带来的伤害超过正常范围。一个重要原因就是民众对各种突发性公共危机事件和跨域公共危机在认知上存在较大问题，缺乏足够的警惕性和防范性；同时，地方政府和各部门之间对跨域公共危机的预警、跨域公共危机防范、跨域

[1] 叶昊鸣.2018年各类自然灾害共造成全国1.3亿人次受灾[EB\OL].（2019-01-09）[2019-01-24] http://www.xinhuanet.com/2019-01/08/c_1210033241.htm.

公共危机的救治等层面的风险认识不一，缺乏统一的危机识别和风险识别能力，大多数的地方政府和部门都是从本部门及自身利益去考量和防范跨域公共危机，地方政府和部门受新公共管理理论和经济学理论的企业管理思想和企业家精神影响，强调以效率为中心，政府效率最大化践行在地方治理过程中。从某种意义上来看，这种地方治理理念确实能提高地方管理的效率，但是在现实中，尤其是面对跨域公共危机时，以效率为中心的管理思想使地方治理走向了公共行政本质的反面。地方政府和部门在地方治理理念上没有定格在区域经济的整体发展最大化上，而是定位为追求地方利益最大化和部门利益最大化，认为某一跨域公共危机影响不会太大、可能不会危及本地区、本部门或不会危及其他地区、部门而不去想办法防治，与其他地方政府和部门一道将跨域公共危机控制到一定范围之内，不至于其他地区或部门的公共危机扩散到本地区和部门，或本地区和部门所产生的公共危机不至于扩散到其他地区、部门，过多关注跨域公共危机治理将严重影响地方经济的发展和地方政绩最大化的实现，进而缺乏及时准确的危机和风险监测、预防，错过了跨域公共危机应急管理和跨域公共危机应对的良好时机，导致跨域公共危机发生时政府措手不及。这也就是本研究所要描述的各地方政府和部门及民众对跨域公共危机的风险认知碎片化。这种由各地方政府和部门及民众的公共危机防范无意识和对自身责任的模糊认识所导致的跨域公共危机的风险认知碎片化，将使各地方政府和部门及民众在真正面对跨域公共危机时显得束手无策，无法自救，也不能理智地履行公民参与跨域公共危机治理的权利与义务。例如，1999年的圣诞节在莫斯科大学留学生公寓中发生了一次火灾，虽然火并不太大，其他国家的留学生也都没造成什么影响，可来自中国的5名留学生却死在了电梯里面，究其原因，在于这几位留学生缺少应有的风险防范和应对意识，在突发性的公共危机面前将最基本的危机常识都忘记了，以至于完全丧失自救能力——当发生火灾时电梯就是一个棺材，进去后就很难逃出来。

同时，在跨域公共危机应对中，媒体对风险的认知也很重要，具有很强的外部性效果，这种媒体的外部性效果甚至直接影响着各地方政府和部门的公共危机治理进程，从根本上讲，媒体起到了沟通平台的关键作用，沟通着政府与社会、政府与公众间的信息，肩负着两种责任：一方面要反映广大公众的呼声和要求，并对政府危机治理实施监督；另一方面要传达政府声音，对公众舆论实施恰当的引导。❶例如，媒体可以及时发现公共危机的征兆；提供跨域公共危机信息需求；引导跨域公共危机中的公众情绪；影响政府在跨域公共危机的决策；塑造跨域公共危机中政府的公众形象等。因此，在突发性公共危机事件应对中，各界媒体若能将相关信息及时准确地向全社会公布显得十分必要。通过“非正式渠道”传播的各种信息往往容易使跨域公共危机信息失真和放大，在民众中产生各种错误的诠释和判断，甚至导致在突发性公共危机事件上以讹传讹、谣言蔓延，社会恐慌心理不断加剧。由于各界媒体存在的跨域公共危机风险认知的碎片化现象导致各界媒体信息预警功能的严重缺位，使各界媒体不仅未在跨域公共危机治理中发挥应有的积极作用，相反，各界媒体的集体失语和共同失职将导致民众对跨域公共危机产生较为严重的恐慌，引起社会的动荡不断。

二、治理文化碎片化

文化的概念非常广泛，很难对其进行严格和精确的定义，不少哲学家、历史学家、社会学家、语言学家、人类学家都曾进行尝试性的努力，试图从各自学科维度对文化的概念进行较为科学的定义，但其答案并未获得社会各界公认。据不完全统计，对“文化”的各种界定多达200多种。事实上，作为社会现象和历史现象的文化是一种人们长期创造形成的产物，是社会历史经过长期发展而形成的积淀物，是用来描述人类卓立于自然的具有独特性的生存方式，是生命衍生的并具有一定人文意味、生命意味的现象，是人类在社会历史和发

❶ 王淑军. 公共危机管理中的媒体角色研究：SARS危机的启示[D]. 北京：中国人民大学，2005：27.

展过程中逐渐创造出来的物质财富、精神财富的总和，是指某一个国家、民族或地区的历史、风土人情、生活方式、地理、思维方式、传统习俗、行为规范、文学艺术、价值观念等的总和。文化的产生基础是人的生命体验与生存经验。在不同的生存环境里，将产生不同的刺激和作用，造成人们对自身及自身之外的世界的一些不同感受与看法，而在同一生存环境里，人们会因此而形成许多具有共同特质的感受和经验。在较为封闭的生存环境中，这些具有共同特质的感受和经验是产生部落或村落文化的重要基础。随着历史的进步和社会的发展，部落或村落间人们的各种交流和联系不断增多，封闭状态就此打破。人们带着自己所处环境里所形成的具有共同特质的感受和经验等互相交往，由于具有某一特定环境共同特质的感受和经验之间存在着各种差异，这些差异就将导致其具有共同特质的感受和经验之间冲突和摩擦。在跨域公共危机治理中亦是如此，地方政府是一个生存环境，这一生存环境必然产生出具有该地域特色的感受和经验，这些具有地方共同特质的感受和经验在面对跨域公共危机时，其文化差异就显现出来了，对跨域公共危机治理产生不同的认识和理解，在跨域公共危机预警和救助时将产生一定的分歧；由于各地方政府由不同的民族、社区、村落组成，不同的民族、社区、村落都带有自身体质的文化，从而抱有不同的文化理念、价值目标、价值取向，并且常常将自我的文化视为具有较强优越性的文化，并将其他文化视为异物或危险物，一种文化碎片化的现象就发生了。当跨域公共危机发生时，具有不同文化的民族、社区、村落之间对跨域公共危机存在不同或截然相反的认识，对跨域公共危机治理的方式和模式也有着明显的差别，从而导致它们在跨域公共危机的治理方式和模式的选择中发生冲突、接触、竞争甚至是对抗。

同时，在现代社会中，急速的社会分化必然导致人们的思想观念及意识形态发生根本变化，价值碎片化较为明显。在跨域公共危机治理中，价值取向是左右跨域公共危机治理绩效高低的重要因素。目前，在跨域公共危机治理中，呈现出文化碎片化的态势。传统跨域公共危机治理的主导文化和价值观念开始走向衰落，出现不同的地方政府、不同的利益群体持有不一样甚至完全不同的文化取向和价值观，而既有的传统跨域公共危机治理的主导文化和价值观念也在某种程度上还存在，社会文化异质性特征比较突出。随着国际化和全球化的发展，外来文化逐渐传播并扩散到我国，人们的文化和价值观念甚至是意识形态结构也在不断趋于多元化的过程中走向碎片化，一些与主流文化、主流意识形态不同或完全相反的文化和价值观念在各地方政府中大量涌现，各种文化和观念之间发生相互碰撞和冲突。固有的文化和旧的价值观念开始走向衰落，新的文化和价值观念尚未完全建立。从表现上看，较为突出地表现在社会倡导的文化理念和价值观与现实生活中人们所奉行的行为准则之间存在背离关系，社会信任关系和地方政府信任关系出现较为严重的危机。而文化理念和价值观念的分化又反过来进一步加剧了地方政府其他行为准则的分化，并从心理层面上表现出来，如社会弱势群体的不满情绪上升，对社会文化的缺陷和不良社会现象的反感情绪加剧，并作为潜在因素从深层次上影响中国社会稳定。从理论上讲，社会心理其实是人们在社会生活中自发形成并相互影响的主体反应。在危机状态下，社会心理就反映为大多数人出现的心理压力和恐慌情绪，即人们处于危机心理状态。[1]心理学家Caplan通过对心理危机的系统研究指出：每个人都在努力保持自身的平衡并与环境保持一致，当紧急状态出现或发生重大变故时，个体就会感到外界压力，原有的平衡被打破，人们的正常生活被干扰，内心不断积聚紧张情绪，然后表现出无所适从，甚至是思维和行为的紊乱，进入一种失衡状态。[2]而这些社会心理的反应与社会文化的碎片化之间有着一定的必然联系。具有其自身的特殊属性的跨域公共危机的发生呈现极端偶然性和不确定性，往往是在特殊时刻、特殊地点、以特殊方式爆发。由于文化碎片化的存在，使公众对跨域公共危机的认识呈现碎片化而未形成统一的正确认知，从而出现极其严重的社会恐慌心理和社会失序现象。

---

[1] 冯惠玲.公共危机启示录[M].北京：中国人民大学出版社，2003：355.

[2] 樊富珉.非典危机反应与危机心理干预[J].清华大学学报，2003（4）.

第三节 跨域公共危机治理功能碎片化

本节主要是从功能层面对跨域公共危机治理中所存在的管理职能碎片化、政策制定碎片化、政策执行碎片化进行分析和阐述。

一、管理职能碎片化

目前，随着我国社会主义市场经济体制的逐渐建立与完善，以及民主政治建设的逐渐推进，政府的治理功能也在逐渐增强，尤其是随着社会急剧转型期和跨域公共危机多发期的到来，跨域公共危机治理被推到新的高度，跨域公共危机的治理有效性和合法性成为实现跨域公共危机良好治理的关键，其中跨域公共危机治理功能的有效发挥是其必要手段。我国政府在由过去的管制型政府向如今的服务型政府转型过程中，社会稳定成了其中至关重要的因素。社会稳定与否直接根源于跨域公共危机治理功能的有效发挥。事实上，地方政府已经开始注意到跨域公共危机治理功能的定位和发挥，并将跨域公共危机治理功能的重心进行了相应调整，以通过地方政府跨域公共危机治理功能的强化来提升在行政辖区内公共危机的治理能力和政治合法性。多数情况下，各地方政府都是基于公共利益考虑，通过跨域公共危机治理功能的发挥，积极贯彻落实党和国家关于跨域公共危机的各项方针政策，推动社会稳定和地方经济的快速健康发展。在跨域公共危机治理中地方政府扮演提供关键性的跨域公共危机治理服务的重要角色，跨域公共危机治理功能的定位和调整都应遵守公共利益最大化的原则，但在市场经济发展过程中，各地方政府作为一个利益实体，“经济人”本性使其不断强化对地方自我经济利益的强烈追求，从而在跨域公共危机治理过程中，在缺少中央政府的强制要求和地方民众的强烈要求下，地方政府会在资源有限性和自我利益最大化追求的支配下，对跨域公共危机治理的“公共性”出现种种狭隘片面的理解和行为偏离，导致了跨域公共危机治理分割的倾向，彰显出自利性的本质特征，扮演着一个经济人和理性人的角色，表现出强烈的自利性动机，使跨域公共危机治理功能出现异化；同时在政府改革过程中，由于压力型体制的存在和对地方政府权限的扩大，地方政府的绩效考评压力重重，在上级政府对地方政府的绩效考评指标中，地方经济发展状况、增长速度和地方社会稳定状况占据了重要地位，直接关系到地方政府政绩和绩效的评估，这也必然导致地方政府进一步强化其对自身利益的考量和关注，这种具有较强自利性倾向的跨域公共危机治理意识直接导致了地方政府跨域公共危机治理功能方向发生重要位移和跨域公共危机治理功能产生异化现象，最终偏离跨域公共危机治理的“公共性”本质；在跨域公共危机治理中，所面临的跨域公共危机治理问题的解决需要承担高额的成本短期的直接效益并不明显或相对较低，对“经济发展”的贡献有限，地方经济的发展态势呈现非均衡化，地方政府间跨域公共危机治理协同意识的缺乏，地方政府的“本位主义”开始占据上风，地方利益最大化逐渐演变成了许多地方政府的最高追求目标，想方设法采取各种手段规避跨域公共危机治理责任，从而导致和加剧了跨域公共危机治理功能边界的职责不清、跨域公共危机治理功能无法得到发挥，以及跨域公共危机治理规模不经济等问题，从而导致跨域公共危机治理功能的严重异化，致使“地方本位”意识得以强化，跨域公共危机协同治理无法得以发挥、跨域公共危机治理“共赢”的目标难以实现；与此同时，地方政府跨域公共危机治理功能变革过程中“自上而下”导向较为明显，这种导向不管是在计划经济体制下抑或在市场经济体制下，上级地方政府通过这一自上而下的行政改革模式及对下级地方政府政绩评估的主导作用在相当程度上影响或决定着地方政府跨域公共危机治理功能的变革及定位。虽然这一“自上而下”导向的地方政府跨域公共危机治理功能变革路径对下级政府与上级政府保持高度一致是有利的，但这种跨域公共危机治理功能的“自下而上”推动力缺乏足够后劲和可持续性，容易使一些地方政府的政府本位和官本位观念得以滋生，使地方政府跨域公共危机治理功能的变革发生偏差，使地方政府跨域公共危机治理功能产生根本性的异化。

跨域公共危机治理中，公共危机影响的并非只是一个部门，它的广泛性波及多个部门，协调处理好各部门在权力和资源分配方面的关系显得尤为重要。

从结构功能主义层面上看，结构和功能之间存在着相互影响的关系，其中政府组织结构直接影响着组织功能的定位和发挥，而政府组织功能的有效实现又对政府组织结构产生重要的影响。诚然，在跨域公共危机治理结构和跨域公共危机治理功能之间也存在着相应的影响，地方政府往往将更多注意力放在跨域公共危机治理结构变革的层面上，而较少关注跨域公共危机治理功能的有效发挥，从而使个别地方政府在跨域公共危机治理功能的优化过程中寻找“捷径”，做表面文章，走程式化道路。当然，从法理上讲，遵循特定的跨域公共危机治理程序是对跨域公共危机治理行政行为的基本要求，是跨域公共危机治理行政行为合法性、公开性、效率性的有力保障。但对跨域公共危机治理程序的过度追求可能会导致对跨域公共危机治理行为绩效的忽略或降低。各级地方政府面临着巨大的跨域公共危机治理行政问责压力，所以往往通过跨域公共危机治理程序化实现责任规避。从表现上看，程式化的跨域公共危机治理行为主要表现为跨域公共危机预警信息发布的程式化、跨域公共危机信息上报的程式化、跨域公共危机多部门参与的程式化、跨域公共危机应急预案演练的程式化、跨域公共危机防灾减灾教育的程式化。所谓跨域公共危机预警信息发布的程式化指的是对于一些诸如小规模的降雪、降雨等小型的公共危机事件频繁发布提醒人们防止摔倒等预警信息，使得人们对跨域公共危机的重视程度降低，将导致人们对即将发生的重大灾害的预警信息的轻视，而当重大自然灾害发生时未能及时采取有效措施进行自我保护。所谓跨域公共危机信息上报的程式化是指对诸如正常交通事故的受伤情况等危害较小的突发事件事无巨细地向上级汇报，影响上级政府对重要突发事件的研判时间和精力。所谓跨域公共危机多部门参与的程式化是指当跨域公共危机事件发生时，不分事件大小和重要程度一律成立由政府主要领导负责、多个跨域部门或政府共同参与的跨域公共危机应急处置模式，而各地方政府间或各部门间在跨域公共危机事件处置过程中职责不清晰，关系不明确，导致应对特定类型跨域公共危机突发事件的相关部门忽略其专业能力的提升。所谓跨域公共危机应急预案演练的程式化指的是地方政府经常举行跨域公共危机应急演练，各地方政府更多关注于跨域公共危机应急预案演练的次数和时间，而对跨域公共危机应急预案演练的实际效果和参与程度关注较少。所谓跨域公共危机防灾减灾教育的程式化指的是各地方政府更多的是在其政府网站上刊登跨域公共危机防灾减灾和应急常识、应急避难手册等信息，却忽略社区、公民个人对跨域公共危机防灾减灾教育信息的接收效果。这些跨域公共危机预警信息发布的程式化、跨域公共危机信息上报的程式化、跨域公共危机多部门参与的程式化、跨域公共危机应急预案演练的程式化、跨域公共危机防灾减灾教育的程式化等跨域公共危机治理行为直接反映跨域公共危机功能的异化。

二、政策制定碎片化

跨域公共危机治理涉及不同行政区域和不同部门，在政策制定过程中常会导致“多龙治水”。跨域公共危机事件发生后由于部门间权利和职责的划分不清晰，容易造成该合作治理的没有合作共治，不该合作的地方却争先抢占。在危机治理政策制定的过程中，“立法部门化”是一个显著特征，很多部门在制定政策的过程中为了部门利益的最大化，较少与其他部门协调和沟通。目前，跨部门合作争端的解决机制尚未建立，部门之间的协调依靠联席会议和“非正式”的领导小组，这样一来小组内部的领导就具有重要作用，也容易造成危机治理时机的延误和沟通交易成本的提高，最终使得跨域危机治理中各相关主体不能有效协调和配合。

三、政策执行碎片化

权力分化导致政策执行中参与者缺乏必要合作，政策执行的资源投入受到限制。由于政策制定中各管理部门往往是从本部门利益出发来制定相关法规和条例，在政策执行过程中，各管理部门面对利益争夺时就出现扯皮掣肘，合作就变得异常困难。如果政策制定缺乏代表性，那么政策执行者就会对政策缺乏认同感，这样不仅会降低政策学习的效率还会削弱政策执行的效果。有时，政府部门为了避免政策问题事态的恶化会采取“心不甘情不愿的合作”，但是这样合作的实际效果难以尽如人意。民主协商机制的建立对于跨部门和跨层级的合作具有重要的现实意义。非正式的合作缺乏稳固的基础，行政命令下的合作又往往流于形式，政策执行中的合作困境重重。纵向层级政府的约束加上横向部门间的权力分割犹如一道屏障隔在各个部门之间。跨域危机治理中，要切实考虑不同地方政府的现实需求，将其纳入政策过程，形成一定的规范从而提高政策执行的实效。推动跨域公共危机的治理，不仅要强化中央权威，更为重要的是要将利益相关方纳入制度化的渠道，达成稳定而有效的共识与契约。跨域公共危机治理中，多个参与主体在政策执行过程中并不是无序的混乱，他们的政策选择及行为判断都不同程度受到政治结构因素的影响。跨域治理涉及政府纵向层级和横向部门间的关系，多个组织空间的划分也构成了多个独立的行动空间，信息的传输及偏好都在一定程度上受到影响。从纵向层级上看，中央及各地方政府都是相对独立的，属于同一体系的信息传递单位，而横向部门之间是根据职能划分归属部门的，是从专业角度进行分工的。不同层级政府与不同职能部门之间在权力分割中形成独立的系统，受到管理文化和组织边界的影响，在处理实际问题时往往趋向保守，不愿干涉其他部门，这种过于谨慎的态度也使资金、人力等方面得不到最优化的整合，导致政策执行“碎片化”的现象。在跨域公共危机治理中，这种纵横交错的关系网编织了权力运作的域场。因此，跨域治理中政策执行的碎片化困境的解决，不仅仅是权力划分而是需要充分考虑到“政治”的因素。这里所说的“政治”因素包含着政治体制改革的层面，除了中央与地方关系的调整还有部门与部门之间关系的调整，政府治理模式趋向代表性与民主性。跨域公共危机治理中，政策执行的关键环节还是要形成纵向层级与横向部门间的多方认同，达成共识的契约，构建协调合作机制。纵向层级和横向部门间需要建立互惠互利、公正公平的对话平台，以民主的方式进行运作。政府之间的合作也不仅仅局限于机构合并和重组，还可在行政机构外建立更多能够利益共享、彼此信任的政策网络，注重多方参与者与政策执行者之间的联盟，共同行动，培育信任，消除分歧。

在跨域公共危机治理中，为解决权力分化带来的问题，地方政府会采取一系列策略来推进政府间的合作。政策执行中的“运动式”治理采用的方式主要是“专项整治”“综合治理”等，辅以目标考核、责任状等强化政策执行者的约束力。可是，这种以控制为主的方式只能在短期内有效缺乏稳定性。中央控制在一定程度上会削弱地方政府合作与授权的能力。在蕴含“交易成本”的合作中，上级部门的矛盾往往会限制地方政府解决问题的需求。

第四节　跨域公共危机治理结构碎片化

所谓结构是指一种观念形态和物质的一种运动状态。其中，“结”是结合之义，“构”是构造之义。从概念上讲，结构就是指事物的各组成部分之间的排列组合及有序搭配关系。跨域公共危机治理中的结构指的是跨域公共危机治理中各组成部分之间的排列组合及有序搭配关系，包括跨域公共危机治理的主体结构、跨域公共危机治理的空间结构和跨域公共危机治理的组织结构。目前，跨域公共危机治理的结构呈现出碎片化状态，主要表现为跨域公共危机治理的主体结构碎片化、跨域公共危机治理的资源结构碎片化、跨域公共危机治理的空间结构碎片化和跨域公共危机治理的组织结构碎片化。

一、治理主体结构碎片化

跨域公共危机治理的主体结构主要包括政府、非营利组织、企业、公民、国际组织等多元主体，以实现跨域公共危机治理的高效、快捷的目标，并有力应对瞬息万变的跨域公共危机。在以各级政府为跨域公共危机治理主体的前提之下，政府机构通过各种常规化和制度化方式主动与非营利组织、企业、公民、国际组织等多元主体协同，共同形成跨域公共危机治理的上下联动和网络应对的良好格局，以形成跨域公共危机治理中决断权力暂时统一、组织权力平时分解和临境应急协同的统分结合的整体性网络治理主体结构，以有效应对各种跨域公共危机。但目前我国跨域公共危机治理的主体主要是各级地方政府，当然应对各种性质迥异的跨域公共危机时，各级政府责无旁贷。然而，正是因为如此，政府在跨域公共危机治理的日常管理、紧急应对中单独行动，或独揽整个跨域公共危机治理的权力领域，非营利组织、企业、公民、国际组织等多元主体被完全排斥在跨域公共危机治理之外，使非营利组织、企业、公民、国际组织等多元主体缺乏合作的积极性，导致非营利组织、企业、公民、国际组织等多元主体在跨域公共危机治理中无法真正参与或弱参与，导致跨域公共危机治理的主体结构碎片化。

二、治理资源结构碎片化

马克思在其巨著《资本论》中指出："劳动和土地是财富两个原始的形成要素。"[1]恩格斯也强调："其实，劳动和自然界在一起它才是一切财富的源泉，自然界为劳动提供材料，劳动把材料转变为财富。"[2]从马克思和恩格斯的界定上看，资源既包括客观存在的自然资源，又包括财富的另一个不可或缺的来源——人（包括劳动力、技术等）。资源是任何一个组织发展的前提基础，同时资源的稀缺性也决定了任何组织对资源的拥有都是有限的。为了地方经济和社会的发展，各地方政府都需要从一定的环境中吸取资源，要达到共同发展的目的，地方政府之间就存在资源共享与彼此借力的互动关系，以实现资源利

[1] 中共中央马克思恩格斯列宁斯大林著作编译局.马克思恩格斯选集：第4卷[M].北京：人民出版社，2012：373.

[2] 中共中央马克思恩格斯列宁斯大林著作编译局.马克思恩格斯选集：第4卷[M].北京：人民出版社，2012：373.

用最大化。跨域公共危机治理模式下资源之间的依赖关系体现在中央与地方政府之间、地方政府之间及地方政府与企业之间等，相互关联的双方通过资源的输送和利用来弥补自身的缺点与不足，最大限度地提高资源的利用率。资源的稀缺性也造成了各区域对其进行争夺使用而忽视了资源的可持续性发展，各方的利己性也使资源呈现出碎片化的特征。

在本研究看来，跨域公共危机治理的资源可以分为跨域公共危机治理的人才资源、跨域公共危机治理的组织资源、跨域公共危机治理的技术资源。跨域公共危机治理中的资源碎片化就包括跨域公共危机治理的人才资源碎片化、跨域公共危机治理的组织资源碎片化、跨域公共危机治理的技术资源碎片化。

（一）人才层面的资源结构碎片化

就概念而言，跨域公共危机治理人才指的是在诸如各种跨越组织边界的自然灾害、公共卫生事件、事故灾难及社会安全事件等公共危机事件出现时，能够及时运用相关理论知识和实践经验，有针对性地制订相应的公共危机处理计划和实施战略，并指挥、协调和参与公共危机治理的各层面的人才的总称。跨域公共危机治理人才包括跨域公共危机治理理念的倡导者、跨域公共危机治理战略决策的制定者、跨域公共危机治理协调公关的实施者、跨域公共危机处理的有力执行者和跨域公共危机治理信息系统的构建者。跨域公共危机治理人才具有共同的素质，即拥有良好的跨域公共危机的感知能力、广博的跨域公共危机治理知识和缜密活跃的跨域公共危机治理思维能力及较强的跨域公共危机治理组织活动能力和冷静的跨域公共危机治理处事能力。

按照在跨域公共危机处理中所承担的职能，我国跨域公共危机治理人才的结构层次可分为高层次跨域公共危机治理人才、中等层次跨域公共危机治理人才和低层次跨域公共危机治理人才。所谓高层次跨域公共危机治理人才是指由政府的核心成员、政治精英组成的，以确保国家和群众安全，制定跨域公共危机防范、跨域公共危机状态控制的目标、原则和选择跨域公共危机应对行动方案并在跨域公共危机治理体系中居于危机处理决策和指挥的人员；在跨域公共危机治理体系中为决策者出谋划策的参谋智囊人员；以及跨域公共危机治理体系中的技术型专家。中等层次跨域公共危机治理人才是指跨域公共危机治理体系中以负责的态度公开跨域公共危机信息，引导区域内公众情绪并帮助政府塑造公众形象的媒体公关人员与信息人员。低层次跨域公共危机治理人才是指在跨域公共危机治理体系中负责提供跨域公共危机治理过程中所需的各种服务的后勤辅助人员。诸多学者认为，人才资源既是第一资源又是可持续发展的根基。作为关键性要素的跨域公共危机治理的人才结构合理与否关系到跨域公共危机处理的成败。在跨域公共危机治理中也是如此，跨域公共危机治理的人才资源也是第一资源。目前，跨域公共危机治理中，各区域所拥有的跨域公共危机治理人才并不多，人才储备严重不足，不仅体现在高层次跨域公共危机治理人才上，还出现在中等层次跨域公共危机治理人才上，从而在某一特定区域中，所拥有的跨域公共危机治理人才严重不足或非常紧缺，分布不均衡，有的区域在某个层次上拥有的人才资源较多，在另一层次上的资源却比较少。由于公共危机往往具有跨部门、跨地区、跨行业等特性，需要各种层次的人才资源，既需要高层次的跨域公共危机治理人才资源、中层次的跨域公共危机治理人才资源，又需要低层次的跨域公共危机治理人才资源。当跨域公共危机发生时，某一个特定区域的跨域公共危机治理人才就显得严重不足，需要对跨域公共危机治理人才资源进行有效整合，从而发挥各个与公共危机相关的人才的整体性优势。这种在跨域公共危机治理中人才资源的过于分散化现象就是本研究所提出的跨域公共危机治理人才资源的碎片化现象。

（二）组织层面的资源结构碎片化

跨域公共危机治理具有组织功能，当跨域公共危机治理有了组织，治理者才有了施展才华之地，跨域公共危机治理也就有了组织保证。从概念上看，组织资源是指组织所拥有的或者可直接控制与运用的各种相关要素。跨域公共危机治理的组织资源则是指跨域公共危机治理的组织所拥有的或者可直接控制与运用的各种跨域公共危机治理要素。这些要素既是跨域公共危机治理组织运行与发展所不可或缺的，又是通过跨域公共危机治理活动的配置整合起到增值作用的，并为跨域公共危机治理组织及其成员带来收益的。从内容上看，组织资源分为关系、政策、形象和物质等资源。跨域公共危机治理的组织资源也包括关系资源、政策资源、形象资源和物质资源等，虽然跨域公共危机治理的组织资源包括跨域公共危机治理的人才资源，但本书更多的是将跨域公共危机治理的组织资源作为一个整体来探讨，与前面的跨域公共危机治理人才资源碎片化问题并不矛盾。

跨域公共危机治理的组织资源结构碎片化主要指的是跨域公共危机治理组织都是一个实体组织，它所拥有的资源是这一组织中的资源，即组织资源。这些跨域公共危机治理的组织资源在面对跨区域、跨部门、跨行业的公共危机发生时，变成了一个个单一的拥有自我棱角的无法实现整合并共同应对跨域公共危机治理的个体，具有较强的分散性和分离化，无法使跨域公共危机治理的组织资源在有效整合的基础上发挥出高于各单一跨域公共危机治理的组织资源之和的整体性力量，从而彰显出跨域公共危机治理的组织资源的结构碎片化态势。

（三）技术层面的资源结构碎片化

技术是改造客观世界的方法和手段，是自然科学知识在现实生活和生产过程中的具体应用，是直接的生产力。对于一个公共组织来说，公共组织的技术包括两个方面，一方面是与解决公共服务过程中的实际问题有关的软件方面的知识；另一方面是为解决公共服务过程中所遇到的各种实际问题而使用的相关设备、工具等硬件层面的知识。两方面的总和就构成了公共组织的特殊资源，即公共组织的技术资源。技术资源这一词汇被广泛运用于各个领域。在跨域公共危机治理中，技术起着非常重要的作用。例如，在地震来临之前的预报，虽然只有十几秒钟甚至是几秒钟，但这十几秒钟甚至是几秒钟对于减少地震中的财产损失和人员伤亡起着非常重要的作用。目前，在跨域公共危机治理中，技术主要体现在跨域公共危机应急系统、跨域公共危机支持系统和跨域公共危机保障系统中。其中，跨域公共危机应急系统又包括监测预警子系统、决策指挥子系统、执行子系统和恢复子系统等；跨域公共危机支持系统又包括信息子系统、计划子系统、咨询子系统、评估子系统和学习子系统等；跨域公共危机保障系统又包括政策子系统、资源子系统和社会子系统等。这些系统的建设都是需要跨域公共危机治理软件系统开发与建设的技术，又需要跨域公共危机治理硬件设施建设的技术，然而，这些跨域公共危机治理中的技术资源被分布于各个区域内的跨域公共危机治理组织中。在单一跨域公共危机治理组织内部，由于资金不足等原因，跨域公共危机应急系统、跨域公共危机支持系统和跨域公共危机保障系统及其子系统的建设参差不齐，各个系统与子系统的技术也是呈现零碎化分布，相互之间无法协同与整合；在跨域公共危机治理的各个区域中，这些跨域公共危机应急系统、跨域公共危机支持系统和跨域公共危机保障系统的技术存在“技术孤岛”现象，这些技术在某一个跨域公共危机治理组织中是带有“专利”性质或专属性质，并非在跨域公共危机治理中各个组织都得到普遍使用。从而，跨域公共危机治理的技术资源呈现出碎片化的态势。

三、治理组织结构碎片化

政府组织结构是指对政府工作中的任务怎样进行分工、分组及协调合作。跨域公共危机治理中政府组织结构表明政府组织中各部分的排列顺序、聚散状态、空间位置、联系方式和各要素间相互关系的一种模式，是整个政府组织管理系统的基本“框架”。跨域公共危机治理中政府组织结构是区域内政府组织的全体成员为了实现区域政府组织的跨域公共危机良好治理的总体目标，在跨域公共危机治理中进行分工协作，在跨域公共危机治理的职务范围、权利、责任方面所形成的较为固定的结构体系；跨域公共危机治理的组织结构是区域政府组织在其职、责、权方面形成的动态结构体系，其关键性本质是为实现区域政府组织有效应对跨域公共危机的战略目标而采取的一种区域政府组织相互分工协作的体系，跨域公共危机治理组织结构必须随着跨域公共危机治理组织的重大战略调整而不断调整。目前，由于各地方政府的经济和社会发展的阶段和程度不同，从而在跨域公共危机治理中的定位不同，对跨域公共危机治理的相关职责的排列顺序存在着较大差别，对跨域公共危机治理的相关部门的职能设计有所不同，对跨域公共危机治理中各领导的职务范围界定有所偏差，对跨域公共危机治理中政府机构的分工也往往不同，对跨域公共危机治理中各相关要素之间关系的维系和调适差别较大。致使跨域公共危机治理显现出组织结构的碎片化态势。

四、治理空间结构碎片化

政府空间结构是指大、中、小地方政府或城市在公共危机发生的区域内的空间分布，这主要是由人口流动、信息传递或物质能量交换强弱不等的关系来决定的。从跨域公共危机治理中各地方政府或城市空间的结构形式上看，是指各地方政府或城市物质要素、活动要素的空间分布模式，从跨域公共危机治理中各地方政府或城市空间结构的过程上看，是指各地方政府或城市空间的要素之间的相互作用。跨域公共危机治理中区域政府空间结构是随区域经济社会发展的进程及政府规模和职能变化而不断发展变化的。政府规模和城市规模的大小各异、实力差异，各种功能分区开始不断强化并在跨域公共危机治理空间上形成亲密或疏远关系，最终在区域内形成分散化和碎裂化的政府或城市空间结构，跨域公共危机治理的结构—功能关系失调，使跨域公共危机治理在空间结构上呈现出碎片化的状态。

由上，因跨域公共危机管理具有一定的不确定性、不稳定性，跨域公共危机治理中的各方主体之间及其多元化权力格局中的复杂关系，各级地方政府并非在一个共同的互动平台上对跨域公共危机进行治理，随着社会转型的不断深入和跨域公共危机的时常发生，跨域公共危机治理的主体结构碎片化、跨域公共危机治理的资源结构碎片化、跨域公共危机治理的空间结构碎片化和跨域公共危机治理的组织结构碎片化产生，而跨域公共危机治理的主体结构碎片化、跨域公共危机治理的空间结构碎片化和跨域公共危机治理的组织结构碎片化又共同导致了跨域公共危机治理结构的碎片化。

第五节 跨域公共危机治理信息碎片化

本节主要是从信息层面对跨域公共危机治理中所存在的信息传递碎片化、信息发布碎片化和政府网站碎片化等现象进行分析和描述。

一、信息“孤岛”

信息的畅通与共享对于跨域公共危机治理具有重要意义。然而，在跨域危机爆发的时候，某一地方政府出于保护主义等原因会对另一涉及地方政府采取隐瞒的方式，各职能部门也出于自身利益的考虑而对信息进行封闭和分割。跨域公共危机治理中，不同行政区和部门之间缺乏信息共享的机制，信息交流渠道梗阻，造成管理效率的低下和成本的增高，政策制定的信息平台呈现碎片化倾向和信息“孤岛”现象。以水资源为例，水利部门掌握地表水量的信息和农业用水的信息，国土部门掌握地下水量的信息，环保部门掌握水质的信息和工业污水排放方面的信息，建设部门则掌握城市用水的信息。源于部门利益的考量，各个部门都将自己掌握的信息“私有化”，导致各种信息资源无法有机整合成为一个整体而是碎片化的。不同部门重复采集信息也造成了经费和时间的浪费。跨域公共危机治理中，地方政府与部门之间目光仅仅局限于各自资源和权力的运作，缺乏开放与合作的观念，因此，政策制定中存在山头主义，导致政策制定与政策执行碎片化。

二、信息传递碎片化

跨域公共危机治理中信息的及时传递具有重要的意义，它和危机决策处理有着密切联系，跨域公共危机能否妥善化解也与信息传递是否及时密不可分。一个国家有80%的信息掌握在政府手中，可以说政府是信息收集、整理、生产和利用的最大机构。由于跨域公共危机涉及多个地区和部门，各部门在跨域公共危机信息公开的认识，以及公开范围、形式等问题上看法各异，这就造成不同部门在公布同一跨域公共危机事件的时候信息不统一，跨域公共危机信息系统性和共享性缺失。有些地方政府受地方保护主义思想的影响，只考虑本地区和部门的实际利益不愿将真实跨域公共危机信息对外公布，有时甚至欺瞒上级掩盖或延误真实跨域公共危机信息的传递。跨域公共危机发生时，跨域公共危机信息公开步调不一和各自为政的现象导致民众接收到的跨域公共危机信息或是混乱不清或是相互矛盾，政府公信力受到直接影响。

实现跨域公共危机信息传递的畅通必须处理好信息沟通主体即政府、媒体和公众之间的关系。目前，跨域公共危机信息传递碎片化主要表现在三个方面：第一，各地方政府之间在沟通中缺乏一个权威统一的危机管理机构，这就使政府间在横向和纵向上存在沟通障碍，跨域公共危机信息的传递也不够及时。第二，政府与媒体的沟通中，政府过于强调媒体的宣传作用而忽略了媒体客观性和公正性的传播功能，在危机事件发生时，政府普遍认为媒体宣传的重点是抗灾救灾，灾害事件不算新闻。第三，媒体与公众的跨域公共危机信息沟通缺乏反馈机制。媒体只注重信息的发布而忽视了公众对信息接收的反馈。跨域公共危机信息传递梗阻很大一部分原因是政府、媒体、公众三者之间缺乏良性互动。

此外，政府机构内部自上而下垂直且单一的跨域公共危机信息传递渠道也不利于信息畅通传递。基于这一跨域公共危机信息传递方式，上级政府要获取相关信息就要通过地方政府的报告。可是，现实当中大多数地方官员在面临危机事件的时候都不愿意轻易做出相关决策，他们往往将跨域公共危机信息公开这一责任推给上级部门。缘于政府高度集中的管理体制，在管理危机信息的时候实行逐级审批的制度，这无形中就造成了跨域公共危机信息传递的碎片化。在遇到跨域公共危机的时候，各个地方政府权衡各自的利弊，报喜不报忧，或是隐瞒跨域公共危机信息，或是谎报跨域公共危机信息，或是延误跨域公共危机信息。因为政府自身上级与下级之间缺乏沟通，相关的管理部门对跨域公共危机信息掌握的灵敏度及共享性不足，加上层级过多，跨域公共危机信息传递过程中的真实性难以保证，容易出现上级不了解基层的真实状况，下级又没有领会上级的精神实质。这样就使在跨域公共危机发生时上级政府很难及时有效地了解危机事件的真实情况，影响危机治理的最佳时机。

目前，政府条块分割的管理制度也造成了跨域公共危机治理信息的严重不对称，直接影响到跨域公共危机的决策质量和效率。当跨域公共危机事件发生时，一些信息被某些部门集中掌握，但是在这些部门之间又没有相应的协调机制，这就造成跨域公共危机信息不能互相分享，相关部门也掌握不了一些有价值的跨域公共危机数据，行政效率大打折扣。

三、信息发布碎片化

我国政府通常采取临时设立指挥部门来负责危机事件的信息发布，危机事件的信息发布缺乏一个常设的管理机关。跨域公共危机事件预警信息的关注度不高从某种程度上看是由信息发布主体多元化造成的。跨域公共危机信息发布缺乏统一的管理主体导致在危机事件中部门之间职责不清、关系不畅，职权交叉与推诿扯皮时有发生。没有一个统一的常设信息管理机构，跨域公共危机信息公布的权威性受到质疑，各部门和临时信息发布机构或是不发布跨域公共危机信息，或是发布的跨域公共危机信息不统一，跨域公共危机信息的公布缺乏规范性，信息发布呈现碎片化。实践中，有关跨域公共危机治理的信息多分散于诸如各地方政府和各部门等不同跨域公共危机治理主体，在跨域公共危机治理技术规范、跨域公共危机治理信息管理、跨域公共危机治理系统兼容性等未完全统一的情况下，这些跨域公共危机治理信息片段存在重叠现象、矛盾现象、缺失现象，信息沟通不够充分，因而难以准确反映跨域公共危机治理状况，进而严重影响跨域公共危机治理的科学决策和跨域公共危机治理政策的连贯性、一体化。从而实施跨域公共危机治理所需的其他物质资源同样分散于诸如各地方政府和各部门等不同跨域公共危机治理主体中，这些不同的跨域公共危机治理主体又隶属于不同管理系统，其跨域公共危机治理资源存在“私有”或“孤岛”现象，这就使一些跨域公共危机治理资源在各地方政府间、跨域公共危机治理系统间、跨域公共危机治理部门间缺乏有力的协调机制的情况下无法及时有效地投入到跨域公共危机治理系统中，并发挥应有的效用。

跨域公共危机事件的信息主要由政府集中掌握，但是跨域公共危机事件相关信息的透明度较低缺乏统一性，信息发布呈现碎片化。究其原因，跨域公共危机事件信息发布碎片化主要有以下几点原因：一是信息发布过程中存在信息筛选的现象。各级政府掌握着信息筛选和过滤的决定权，在筛选和过滤的过程中不同层级政府信息流动存在着差异性。二是不同政府职能部门对危机事件的整体把握的专业关注点和利益取向存在着差异性。根据各自职能权限，他们在信息舆论的获取方面更擅长于捕获职能范围内的信息而对于整体性跨域公共危机事件的信息加工缺乏整合。三是公众对危机事件的治理监督主动性对于信息发布整体性产生影响。跨域公共危机治理当中信息透明度高低反映出信息资源是否充分利用，而且信息透明度高低也影响治理效果和绩效的好坏。

四、政府网站碎片化

互联网时代的来临，我国政府门户网站在危机事件信息公开中占据重要作用。政府门户网站是政府信息公开的重要窗口，通过与公众的互动交流来加大政府的行政透明度。但是，我国地方政府的网站较多处于发展建设阶段，对于跨域公共危机信息更新以及信息量方面呈现出碎片化的特征。政府门户网站公众使用率的高低直接影响政府门户网站在转变政府职能和提高行政效率方面的作用。目前，政府网站对公共危机事件信息发布主要以简讯的形式公布，跨域公共危机信息深度加工有待提高。

第四章　根源剖析：多维度分析视野

基于上述跨域公共危机治理中碎片化问题的存在，本章主要从经济学、政治学、管理学和社会学等学科视野对其深层根源进行全面剖析，以便有针对性地建构出跨域公共危机整体性治理的基本框架和具体策略。

第一节　非合作“囚徒困境”博弈和理性经济人

一、非合作“囚徒困境”博弈

（一）博弈论

博弈论（game theory）也被译为“对策论”和“赛局理论”等，是数学中研究具有一定斗争性或竞争性现象的理论与方法。到20世纪80年代时，博弈论就已经成为主流经济学中不可或缺的组成部分，并几乎“吞噬”了整个微观经济学，成了经济学研究中的一种标准性分析工具。博弈论方法地位的不断凸显，最终在1994年三位博弈论专家（纳什、泽尔腾、海萨尼）获得诺贝尔经济学奖时达到了一个阶段性高潮，从那时开始，共有5届的诺贝尔经济学奖获得者的研究成果与博弈论有关。目前被广泛运用于其他学科研究领域，如国际关系、生物学、政治学、计算机科学、运筹学、军事战略、公共选择、社会学等。博弈论主要研究能够意识到自身的行动将会产生相互影响的决策者们的各种行为和被公式化了的各种激励结构之间的相互作用和影响，是制度分析的一种基础性工具。但博弈论首当其冲的应该是一种方法、一种模型化工具而非一套被公理化的体系。

当政府及个人等决策主体在做出某种决策时，首先要受到其他相关决策主体的行为和所做决定的影响，反过来该决策主体自身的行为和所做决策也会对这些主体的决策过程及决策的均衡问题产生影响。

一般认为，博弈可以分为两种，即合作博弈和非合作博弈。从区别上看，合作博弈与非合作博弈的区别主要体现在相互发生作用的决策主体或当事人间是否制定了具有相当约束力的协议，有则属于合作博弈，没有则属于非合作博弈。另外，合作博弈偏向于团体理性，注重整体效率、整体公平的实现；而非合作博弈则多偏向于个人理性和独立决策，但由此产生的结果通常是低效甚至无效的。当然，按照不同的标准，还可以对博弈类型做不同的划分，如根据参与主体的行动先后可将博弈划分为静态博弈、动态博弈；根据参与主体对其他参与者的信息掌握情况（如特征、支付函数等），可将博弈划分为完全信息博弈、不完全信息博弈，如表4-1所示。

表4-1　博弈的分类

项目	静态	动态
完全信息	完全信息静态博弈/纳什均衡 纳什（1950~1951）	完全信息动态博弈子博弈/精炼纳什均衡 泽尔腾（1965）
不完全信息	不完全信息静态博弈/贝叶斯纳什均衡 海萨尼（1967~1968）	不完全信息动态博弈/精炼贝叶斯纳什均衡 泽尔腾（1975）；Kreps and ilson（1982）

资料来源：张维迎.博弈论与信息经济学[M].上海：三联书店，1996：13.

（二）“囚徒困境”

在著名的博弈论中，包含占优战略均衡的著名例子是由学者塔克所给出的“囚徒困境”（prisoner’s dilemma）的博弈模型，描述的是A和B两个囚徒之间的特殊博弈过程，深刻揭示出两个相关主体即使在合作对双方都有利的情况下实现合作也是具有较大难度的。[1]两个嫌疑犯A和B在作案后都被警察抓住，

[1] 曼昆.经济学原理[M].梁小民，梁砾，译.北京：北京大学出版社，2010.

两人分别被关在不同审讯室接受警察审讯。警察知道两个嫌疑犯A和B都有罪，只是缺乏足够的证据证明。警察便分别告诉A和B：如果A和B都不坦白交代事实真相，将各判刑一年；如果A和B都坦白交代事实真相，将各判八年；如果A和B中一个坦白交代事实真相而另一个不坦白交代事实真相，坦白交代事实真相的放出去，不坦白交代事实真相的判十年。于是，A和B都面临两种选择：坦白交代事实真相或不坦白交代事实真相。然而，不管同伙如何选择，对于A和B来说，最优选择是坦白交代事实真相：如果A不坦白交代事实真相、B坦白交代事实真相的话，B放出去，A判十年，B坦白交代事实真相比A不坦白交代事实真相好；如果A坦白交代事实真相、B坦白交代事实真相的话判八年，A不坦白交代事实真相的话判十年，B坦白交代事实真相还是比A不坦白交代事实真相好。结果，A和B都选择坦白交代事实真相，各判刑八年。如果A和B都不坦白交代事实真相，各判一年，显然这个结果比前面的结果都好。但在实际过程中，这一帕累托改进是很难办到的，因为它满足不了人类理性的要求。囚徒困境反映出一个深刻的道理，就是人类的个人理性有时可能会导致集体的非理性——聪明的人类或许会因其聪明而作茧自缚。表4-2反映了囚徒困境博弈的支付矩阵。

表4-2 囚徒困境模型

囚徒困境博弈 [prisoner's dilemma]A\B	坦白	抵赖
坦白	-8，-8	0，-10
抵赖	-10，0	-1，-1

在表4-2A和B的四种行动选择组合中，双方都不坦白事实真相，即（抵赖、抵赖）是帕累托最优的，因为偏离此行动选择组合的其他任何行动选择组合将至少会使其中一人的境况变差。“坦白”是任一犯罪嫌疑人的占优战略，

而双方都坦白事实真相即（坦白、坦白）是占优战略均衡。

（三）跨域公共危机治理中非合作“囚徒困境”分析

“囚徒困境”（prisoner’s dilemma ）揭示的是当个体选择达到最佳时并非团体选择最佳。虽然“囚徒困境”本身只具有模型的性质，但在现实中的市场价格竞争、环境保护等多个方面，尤其是在跨域公共危机治理中频繁出现类似情况。根据属地化管理原则，跨域公共危机治理中每个地方政府尤其是相互没有行政隶属关系的相邻地方政府是无权对对方的公共危机治理事务进行干预甚至过问的。因而，在以属地化管理原则为依据、以本行政区为管辖范围、以本行政区域利益为目的的三重标准下，在当地政府看来，任何行为都被认为是既合乎逻辑又属于当然理性。但因个体有限理性的存在，并不总能保持与地方政府的利益目标和公共危机治理目标的高度一致，从而极易陷入一种相互保护的“囚徒困境”博弈中，这也将减少各地方政府的实际所得及跨域公共危机治理整体效应。因此，地方政府间非合作的“囚徒困境”在跨域公共危机治理中也是较为常见的。例如，我国跨域公共危机治理中各地方政府间的各自为政、地方保护等现象就是地方政府个体理性与整个跨域公共危机治理团体理性间的矛盾反映，就是跨域公共危机治理的非合作“囚徒困境”博弈模型的一个较为典型的案例。再如，在跨域公共危机治理地方政府的博弈结构，假设有两个地方政府A和B，作为“囚徒困境”博弈模型中的双方参与人，基于地方政府追求自身利益最大化的理性经济人特质和政治晋升锦标赛的治理理念，地方政府A和B都会将治理目标定格为本行政区的经济利益最大化，选择最有利于本地方政府的公共危机治理策略，采取“搭便车”的机会主义行为，从而跨域公共危机治理“囚徒困境”博弈模型中的双方将有两种可供选择的策略，一种是合作，另一种是不合作。在跨域公共危机治理中两个地方政府间的信息不对称，并且不存在需要共同遵守的协议或者约定，地方政府A和B在制定跨域公共危机治理决策之前都不知道对方的决策，因此，两者的决策时间相同；其实如果这两个政府都很自觉地去克服各自为政的情况和地方保护主义情绪，并且都选择与对方合作，则它们都将从中获得6分的利益，而若它们都坚持地方保护，并且选择不合作的策略的话，那么地方政府A和B不仅享受不到合作带来的收益，相反，会都损失掉12分的利益；如果政府A采取合作的策略，政府B采取不合作策略，那么政府A需要负担由于提供合作产生的成本及政府B不合作引起的成本，即双重成本，因而其损失为14分，而另一方即不合作方政府B则因单独行动而获得利益12分，同时也需承担因不合作而引起的跨域公共危机所导致的成本，损失2分，最终仍然获利10分。这样，博弈双方政府A和政府B就将在各种策略组合下获得各种得益或损失，获得支付矩阵，如表4-3所示。

表4-3　地方政府非合作博弈关系

		地方政府B	
		合作	不合作
地方政府A	合作	6,6	-14,10
	不合作	10,-14	-12,-12

从以上两博弈方地方政府A和B在双方各种策略组合下的各种得益或支付矩阵，可以较为清楚地看出跨域公共危机治理中地方政府A和地方政府B的博弈关系、策略组合及产生的结果。在跨域公共危机治理中地方政府A和地方政府B都选择“合作”的策略组合中，双方均获得6分，这是实现跨域公共危机治理的最优策略。但是，受到地方政府的“理性经济人”的影响，当地方政府A策略不变的情况下，地方政府B就存在选择“不合作”的经济动因，从而使这一策略组合存在较强的不稳定性；如果跨域公共危机治理中地方政府B选择“合作”，那么地方政府A选择“合作”可得益6分，而选择“不合作”可以得益10分，显然，10分大于6分，所以追求地方利益最大化的地方政府A的最佳选择策略就变成了“不合作”；如果跨域公共危机治理中地方政府B选择“不合作”的策略，地方政府A选择的是“合作”策略将损失14分，选择“不

合作”的策略将损失12分，损失14分比损失12分更大，地方政府A理所当然地选择“不合作”策略；所以用同样方法分析地方政府B所处的情况，可知不管地方政府A如何选择，地方政府B都将选择“不合作”。因此，跨域公共危机治理中博弈最终结果将是地方政府A和B都选择“不合作”的策略，其结果是各损失12分，奇怪的是，这一跨域公共危机治理中的策略组合却具有较强的内在稳定性。

在跨域公共危机治理中，这种地方政府A和B都选择“不合作”的策略而导致各损失12分的博弈是一个非合作的博弈，同时，博弈双方地方政府A和B都认定对方将会按照个体理性的原则选择策略，以防备对方利用其信任谋取自我利益最大化，从而跨域公共危机治理中的地方政府A和B均采用“不合作”策略，事实上，这种结果是地方政府A和B都不想要的。但这种结果又在很大程度上是不可避免的，这是由于跨域公共危机治理中多个地方政府之间缺乏协调机制或法律协议，存在环境不确定性、信息不对称现象，交易成本高昂，无法达成地方政府间的亲密合作，进而采取各种保护措施。出于各自行政区GDP最大化增长和地方利益最大化的考量，任一理性的地方政府或部门皆都不愿率先废除地方保护和放弃能获取短期收益的各种机会。正如帕累托所言：“如果所有的个人都克制不要去做某件事情，那么作为共同体中的每个个人都会从这种行为中得到好处；但是现在如果共同体所有的人（一人除外）都坚持不去做这件事，那么共同体的整个福利损失非常微小，但是那个违背常人行动去做这件事的人，所能获得的个人收益会远远大于他作为共同体成员所承担的成本。”[1][2]

二、理性经济人

“理性经济人”是西方经济学中的一个基本假设，即人是利己的，总是会

[1] PARETOV P.The mind and society[M].New York：Harcout And Brace，1935：946-947.

[2] 苏长和.全球公共问题与国际合作：一种制度的分析[M].上海：复旦大学出版社，2000：13.

以自己的利益为标准做出抉择。"理性经济人"假设很好地诠释了人类经济行为，取得了较大成功，成为目前西方主流经济学研究的出发点。从合理性上看，西方经济学中的"理性经济人"假设有较强的合理性。

从思想渊源上看，"理性经济人"来源于亚当·斯密的著作《国富论》。他指出："我们每天所需的食物和饮料，不是出自屠户、酿酒家或面包师的恩惠，而是出于他们自利的打算。我们不说唤起他们利他心的话，而说唤起他们利己心的话"。"各个人都在不断地努力为自己所能支配的资本找到最有利的用途。固然，他所考虑的不是社会的利益，而是他自身的利益，但他对自身利益的追求自然会或者毋宁说必然会引导他选定最有利于社会的用途"。斯密勾画出一个具有利己主义倾向并追求最大化利益的"经济人"的大概轮廓。约翰·斯图加特·穆勒在"经济人"和"利己心"这一本源基础上假定人类的行为是以且只以自身财富的最大化为个人目标的行为。在承继了斯密对"经济人"当中的人性剖析之后，新古典经济学家代表人物帕累托对"理性经济人"的行为进行了边际分析，并做出颇具代表性的定义，他认为"理性经济人"是效用极大化的追求者。这一基本假设成为后来整个经济学理论的重要支撑。勒帕日曾这样评价："研究微观经济学的全部著作构成对经济人范例进行经验验证的宏伟建筑，经济人这种简化了的个人模式，用卡尔·布鲁纳的话来说，即会计算、有创造性并能获取最大利益的人是进行一切经济分析的基础。"[1]诚然，理性经济人是现实社会和经济生活中对一般人的抽象。在现实社会和经济生活中的一切行为都是合乎理性的，皆为基于自利动机力图以最小经济成本和代价实现自身经济利益最大，这一假设的不断完善也逐渐成为市场经济的基石。具体来说，首先，理性经济人假设认为经济人是自利的并总考虑自身实际物质利益的实现。新古典学派认为在长期自然进化的过程中，那些能够生存下来的都是善于自我保护、擅长趋利避害和趋乐避苦的物种。从人的天性上看，人生来就有趋利避害能力与自我保存天性，这就有力地证明了理性经济人会以自己的利益作

[1] 亨利.美国新自由主义经济学[M].李燕生，译.北京：北京大学出版社，1985：24.

为考量指标，并将追求利益最大化的目标定格在物质利益上，并形成个体理性先于集体理性的思维定式。可见，就根本动机而言，人的经济行为旨在获取自身利益最大化。其次，从行为目标上看，“理性经济人”的行为目标是理性的。“私人利润的打算，是决定资本用途的唯一动机。”❶“理性经济人”的行为目标在于运用成本收益分析法对可供选择方案进行利弊权衡和合理选择，首要选择的对象是那些成本最小化、风险最小化和收益最大化的决策方案，而且不同的人在同样的条件下所做的抉择是一样的。最后，从方法论上看，理性经济人追求的是个人主义方法论。因为“理性经济人”假设事实上就已经承认个人利己主义是合理的，并认为个人利己主义为整个人类全部的行为准则。基于整个人类这一全部的行为准则，人类通过合理的社会分工交易达到社会生产率、资源配置效率提升的目的。按照个人主义方法论的逻辑，社会的主体是人，社会也是由无数个个体的人组成，同理，社会财富是个人财富的增加，当个人财富增加时，社会财富也会相应地增加；当所有个人利益实现最大化时就意味着社会利益最大化和帕累托最优的实现。

建设市场经济有必要承认人在经济活动中具有自利性这一前提，“理性经济人”假设成为市场经济的第一块基石。我国现在已经初步建立起市场经济体制，计划经济已经成了过去式。计划经济逐渐被市场经济替代的历史进程也告诫我们计划经济是不符合社会发展潮流的，这种不符合社会发展潮流的根本原因在于计划经济的人性假设与真实人性相距甚远。

“经济人”追求个人利益最大化的行为在跨域公共危机治理中也得到了广泛运用，各跨域公共危机治理主体在面对危机时，总是将地方政府自身的利益作为首要考虑的指标。著名经济学家亚当·斯密、布坎南等都曾经认为地方政府是“理性经济人”，政府官员也同样会想尽办法谋求自身利益的最大化。我国的行政体制是条块分割的行政区行政，是由中央政府主导的垂直运行模式。

---

❶ 亚当.国民财富的性质和原因的研究：上卷[M].郭大力，王亚南，译.北京：商务印书馆，1972：345.

行政区行政是通过人为划分区域来进行治理活动的，从某种意义上看是一种“闭合式行政”。这种模式下的地方政府对跨域公共危机甚少关注，他们惯于用封闭眼光管理地方事务，在需要同其他地方政府进行合作时缺乏积极主动性。跨域公共危机往往涉及生态区和行政区，生态区是各种生态要素之间的自然联系，行政区则是人为划分的区域，生态区与行政区边界重合的可能性较小，较为完整的生态区通常被多个行政单元所分割。跨域公共危机中，由于各地方经济发展存在差异，不同地方政府对危机治理持有不同的态度，采取的危机治理措施也不尽相同。在环境保护、流域管理和防洪治理等跨域公共危机治理中，行政区合作存在着不小的困境。各个行政区之间漠视生态区之间的联系，只看到本行政区的生态建设，画地为牢，各自为政，相互之间不合作，这样极易诱发跨区域的矛盾和跨界污染等问题。

虽然，跨域公共危机治理主体完全具有挽救公共利益、提供公共产品的服务性功能，但在涉及跨域公共危机治理时，由于需要多个地方政府共同参与，受压力型体制中各项量化指标考核和政治晋升锦标赛中相关规则的影响，同时基于区域竞争和政治竞争的惯性，那些曾为了自我晋升和地方政绩最大化而相互之间开展过地区封锁、地区大战的各地方政府在跨域公共危机治理中的“经济人”自利性就会显得更为突出，这种卡尔·布鲁内所言的“会计算，能获取最大利益的人”[1]——“经济人”的自利性也不断驱使跨域公共危机治理中各地方政府和部门基于成本和收益的计算而谋求地方政府、单位、部门和个人利益最大化，在跨域公共危机治理中信息资源、人力资源和物力资源付出的最小化，各种收益最大化。在跨域公共危机治理中，这种各地方政府基于自利性动机而采取的非合作博弈行为将耽误跨域公共危机治理的良机，使跨域公共危机造成的影响更大、更广，严重危及民众的生命和财产安全，最后导致跨域公共危机治理“公地悲剧”的产生。

---

[1] 亨利.美国新自由主义经济学[M].北京：北京大学出版社，1985：24.

第二节　问责惰性与责任选择性

在当今时代，全球化已日益加快和深入，诱发跨域公共危机的渠道不断增多，跨域公共危机蔓延的速度逐渐加快。跨域公共危机治理能力俨然成了世界各国管理水平的重要衡量指标。目前，我国社会正处在经济转轨、社会转型时期，容易产生经济失调，社会文化和伦理在重组中时常发生较为激烈的冲突，这也使得我国各种跨域公共危机事件频发。跨域公共危机事件频发性、不确定性和跨域性的存在不断彰显出各级政府跨域公共危机治理责任的重要性。因为各级政府有关跨域公共危机良好治理的责任是建构和谐社会和实现社会可持续性发展的必然要求，是践行科学发展观的客观要求，是维护政府的国内外形象和政府公信力的提升。

诚然，在跨域公共危机治理中，作为公共权力所有者及公共物品、公共服务供给者的政府，与其他非政府组织、社会团体或民众相比，拥有着更大的人力、财力、物力及社会动员能力，政府有必要在跨域公共危机治理中承担起更为重要的责任，建立并完善确保跨域公共危机治理责任有效履行的制度。只有政府切实履行跨域公共危机治理责任才能保障跨域公共危机的成功治理，有效避免在跨域公共危机事件发生后各地方政府及有关部门采取责任规避和责任推脱。在本书看来，政府在跨域公共危机治理中需要承担起的责任包括政治责任、法律责任和管理责任。

所谓跨域公共危机治理中的政治责任是指各级政府及人员行使相应的行政权力而承担的维护宪法精神、社会制度、公民生命和财产不受侵犯、社会稳定、社会发展和社会秩序等方面的责任[1]。其一是在跨域公共危机治理中，政府承担着贯彻党的各项方针和政策的政治责任，从而促使政府真正成为跨域公共危机治理中的为民众谋利益、促进整个跨域公共危机事件向公平正义方向发展的实体。其二是在跨域公共危机治理中通过实施各项应急措施和执行管理措

[1] 张国庆.行政管理学[M].北京：北京大学出版社，1990：95.

施以确保社会有序运行，维护社会公共安全的责任，确保跨域公共危机治理中民众生命安全、财产安全、社会稳定。其三是当突发性跨域公共危机出现时，人的生存权利、发展权力都会受到一定程度的威胁，如果政府不采取积极应对措施以恢复和保护人权，就可能使整个国家政治体系濒临失衡和失序的危险状况，因此在跨域公共危机治理中政府需要承担维护生存权与发展权等人权的责任。其四是跨域公共危机治理中塑造和维护良好政府公信力的责任。

所谓政府管理责任是指各级政府及其工作人员要对民众和社会承担管理上的责任，主要体现为各级政府机关及工作人员的管理理念，依法管理，圆满完成各项治理任务。在跨域公共危机治理中，政府的管理责任主要是指政府在跨域公共危机爆发前、跨域公共危机爆发时、跨域公共危机爆发后通过对相关危机预防资源储备、供给、分配、处理、审计等程序，使人力、财力、物力达到合理和有效配置。例如，在跨域公共危机治理发生时，政府在管理层面上，需要了解危机起源和经过，掌握危机发生的时间、地点、周围环境、当事人的具体反应等；调查危机损失情况，掌握危机造成的直接和间接损失程度；确认受害对象，了解危机对他们生活的影响程度及他们对危机的态度和对政府处理危机的要求；分析危机成因，找出诱发危机的真正因素。❶

所谓跨域公共危机治理中的法律责任主要是指宪法责任或者一般的法律责任，各级政府及相关部门严格按照法律法规相关规定行使其权力的责任。跨域公共危机治理中的宪法责任包括质询制度、罢免制度、组织公共危机事件调查委员会等。跨域公共危机治理中的一般法律责任表现在行政赔偿责任或者国家赔偿责任，其责任形式更多是以赔偿体现出来。在治理过程中，政策执行双方若对某一问题达成共识，那么他们在治理过程中则会协调一致。跨域公共危机治理中，流域污染的治理具有典型的跨域性。以流域为例，流域是由上、中、下游组合而成的生态系统，目前，世界各国普遍接受以流域作为单元实行综合管理，这一管理模式被认为是资源开发与环境保护兼顾的最优选择。在跨域公

❶ 董传仪.危机管理学[M].北京：中国传媒大学出版社，2007：144.

共危机治理中各地方各部门虽然对这一理论有所认识，可是在实际的政策执行中却有着不小的分歧。例如，2002年颁布的新《中华人民共和国水法》规定国家对水资源管理采取流域管理和行政区管理结合的方式，而在此之前国家对水资源的管理采取的是统一管理和分级、分部门管理的方式。尽管如此，流域危机治理中实行行政区域管理仍然是主流思想。跨域公共危机治理整体性责任承担的最大障碍来自于部门利益的争夺。跨域危机发生时，各部门的利益往往会左右最终的行动。流域治理中，就资源保护及生态补偿等问题上下游存在不同意见。上游认为它为了保护水资源失去了很多做项目的机会，经济蒙受了损失，因此，国家或者下游地区应该补偿上游地区经济发展的损失及生态维护管理的费用。下游地区则持另外一种观点，它认为在保护资源方面大家都是有所付出的，而经济发展的好坏在很大程度上是由地理优劣造成的，即便是要补偿也应该由国家或上级政府来承担，横向之间的补偿实难进行。另外，法规体系构建时缺乏协同一致。现行跨域公共危机中水污染是比较常见的，关于水资源保护的，相关法律除了《中华人民共和国水法》，还有《中华人民共和国环境保护法》《中华人民共和国水污染防治法》《中华人民共和国水土保持法》五个基本法。此外还相继出台了一些专项的法律及行政法规。但是，这些法律法规之间缺乏整合，有的甚至相互之间还存在矛盾，这些矛盾导致跨域治理元制度的缺陷，跨域公共危机治理的责任惰性凸显，责任整合越来越困难。

但是在跨域公共危机治理中，危机涉及多个地方政府，单个地方政府无法从根本上治理好，需要多个地方政府共同参与才能实现跨域公共危机的成功治理。多个地方政府之间跨域公共危机的危害程度不同、治理理念有别、经济水平和财力各异、政治晋升的竞争、管理技术的落差等情况的客观存在，使得各地方政府产生“搭便车”的机会主义心理，尤其是问责惰性和协同惰性的存在，表现出跨域公共危机治理的选择性责任担当。在本书看来，所谓问责惰性是指各地方政府在具有跨时间、跨空间、跨组织和跨文化环境等特质的跨域公共危机治理中的危机预警、危机防范、危机风险和危机救治的主动性和积极性缺失。所谓跨域公共危机治理中的“选择性”责任是指跨域公共危机治理中，各地方政府及职能部门为了本区域或本部门的集团利益，在政治责任、管理责任和法律责任等层面上进行有意识、有目的性、有选择性地承担，有选择性地履行跨域公共危机治理职责和义务，趋利避害，导致跨域公共危机治理责任的选择性缺失。在跨域公共危机治理的政治责任上，各地方政府选择性地贯彻党的各项公共危机治理的方针和政策，选择那些能够给本区域或本部门所管辖的民众带来局部利益，使整个跨域公共危机治理向本区域或本部门民族的公平正义方向发展；选择性地实施各项应急措施和执行管理措施以确保区域社会有序运行，维护区域社会公共安全，确保本区域民众的生命安全、财产安全和区域社会稳定；被动地、选择性地采取应对措施以恢复和保护区域内民众的人权，以降低区域失衡和区域失序的危险状况的发生，从而在跨域公共危机治理中选择性承担维护生存权与发展权等人权的责任；通过各种选择性措施塑造和维护区域政府的公信力。

然而，对跨域公共危机治理中的区域外责任则选择回避或规避，对于应该履行的协同、援助责任予以回避，拒绝承担区域外的危机治理责任和义务及协作网络建构的责任，导致跨域公共危机治理的回应性降低、责任缺失和治理失灵，影响跨域公共危机治理过程中公共物品的整体性供给，致使跨域公共危机良好治理的失效。

第三节 政治晋升锦标赛和属地管理

一、政治晋升锦标赛

由爱德华·拉泽尔和罗森共同提出的锦标赛理论（tournament theory）最初只是在企业等非公共组织范围内应用。该理论认为，工资的增长幅度与既定晋升有一定的关联性，会影响到相应工作等级上工作员工的积极性；在晋升的最终结果还未明确时，员工就仍有动力努力工作从而获得晋升。锦标赛模式是一种作用力广泛的激励机制，主要应用于候选人的选拔，通过激励机制增强竞争力，以选拔出优胜者，同时用相对次序来决定胜负。因此，该理论最初被广泛应用于企业的管理过程中，即通过晋升机制来激励企业员工。

随后，该理论又被运用于我国的政府治理中，并用以描述政府如何通过晋升这一激励方式调动地方政府和官员实现GDP增长的积极性，诱使地方政府和官员将经济增长作为各项工作的中心和重心，进而实现经济的高速发展。在我国，地方政府竞争在形式上通过府际竞争行为表现出来，但实质上是各地政府官员为谋求政治晋升最大化而展开的激烈竞争。从而，这种官员之间的竞争行为被周黎安称为“官员晋升锦标赛”。从概念上讲，官员晋升锦标赛是指上级政府对多个下级政府部门的行政长官设计的一种晋升竞赛，竞赛标准由上级政府决定，既可是GDP增长率，也可是其他可度量的指标，竞赛优胜者将获得晋升。[1]政治锦标赛理论强调上级政府的行政发包、量化考核、绩效排名等政绩因素在官员晋升中的决定性作用。[2]政治晋升锦标赛的初衷是对政府及其官员予以激励而采用的制度安排，事实证明，这种激励机制在激励地方官员们为实现经济增长而展开竞争方面起到了重要作用。但从更深层次上看，政治晋升锦标赛对地方政府和官员的激励程度远远低于给地方政府和地方官员所构成压力的程度。官员政治晋升锦标赛中，地方政府和官员不能怠慢，当然他们关注的并非在完成上级政府行政发包和量化考核中所获得的奖项和名次，而更多的担心在于直接危及其政治前途和生命的“一票否决”。

政治晋升锦标赛体制作为中国经济奇迹的重要根源之一，真正体现了中国政府治理中的“纵向发包”与“横向竞争”的高度统一模式。在“横向竞争”中，竞争的胜利与失败是通过可观测的指标得以量化，这就不可避免地引诱着地方政府产生行为偏向的冲动。尤其是在跨域公共危机治理中，政府工作具有多重目标，跨域公共危机治理的实现是其中并不占重要地位的目标。因为跨域

[1] 周黎安.官员晋升锦标赛与竞争冲动[J].人民论坛，2010（15）.

[2] 周黎安.官员晋升锦标赛与竞争冲动[J].人民论坛，2010（15）.

公共危机治理并非单凭一己之力或个人意志即可实现良好治理，还取决于其他地方政府的参与程度和合作力度，从而地方政府面对跨域公共危机治理时，当跨域公共危机的负面影响还不太大的情况下，他们并不会将跨域公共危机治理置于非常重要的位置，而是倾向于基础设施建设、企业投资增长等能够实现GDP最大化增长的项目，跨域公共危机治理、社会保障和环境保护等对GDP增长没有明显作用的项目被置于次要位置，从而缺乏参与跨域公共危机治理的积极性和动力源。由于各地方政府间在政治晋升锦标赛中都是竞争对手，在晋升空间一定的情况下，竞争的结果就是你死我活。即便如此，谁也不服谁，谁也不让谁，正如学者周黎安所言："地方官员通过逐级提拔而进入逐级淘汰的锦标赛结构，其最大特征是进入次轮者必须是上轮胜者，被淘汰者就丧失竞争下一轮的资格。"[1]显然，各地方政府都不愿意放弃晋升下一轮的机会，都会通过市场分割、地方保护主义等方式和手段，确保自己经济发展、GDP高速增长和竞争优势的情况下限制作为竞争对手的其他地方政府，以便使自己在政治晋升锦标赛中完美胜出。从而各地方政府和官员就可能在公共危机属地化管理原则的支撑下实行地方保护，各自为政，固化公共危机治理的资源和信息而不被其他地方政府和官员共享，导致跨域公共危机治理中资源孤岛、信息孤岛等现象层出不穷。这种政治晋升锦标赛最终导致了地方政府面临着严重的"纵向发包"和"横向竞争"的政治生态，使各地方政府在跨域公共危机治理中为确保资金和精力投入在基础设施和招商引资等项目上，而不将过多的资金和精力投入到跨域公共危机治理中，以免造成地方政府在"横向竞争"中处于不利地位。这样一来，地方政府在面对跨域公共危机治理时，因其自身的利益追求，仍然坚守着中央一贯倡导的属地化管理理论，按照属地化进行跨域公共危机治理的分工原则，从本地区和本部门的实际利益出发，精心构思自己的跨域公共危机治理的行为，每个地方政府各司其区域内公共危机治理之职、各管属地内公共危机治理之事，从而忽视跨域公共危机治理中各政府组织的整体性使命，

[1] 周黎安．官员晋升锦标赛与竞争冲动[J]. 人民论坛，2010（15）.

甚至使本地区和本部门的公共危机治理目标和利益凌驾于整个区域的公共危机治理目标和利益之上，呈现出严重的本位主义和互相推诿的现象，而当跨域公共危机得到有效控制时，各地方政府纷纷争夺胜利果实，强调自身在跨域公共危机良好治理过程中的作用。这种以区域和自我利益为中心，实行功能分割和“鸽笼式”的跨域公共危机治理模式，或许能获得暂时性的局部利益，但对于整体利益而言无疑是一种致命的妨碍。虽然跨域公共危机由于涉及多个行政区域需要整合各个部门的力量去解决，可是受“部门主义”的影响，各部门往往将视线局限在本部门，所做决策也只站在本部门的立场，在权力配置上坚持部门本位，在利益关系中将部门利益凌驾于公共利益之上，部门之间关系的运作以利益为转轴。掌握着权力的部门之间在处理关系的时候以利益为出发点，相互之间就处于彼此分割和独立的关系中。出于跨域公共危机治理的实际需要，拥有权力配置权的部门在考虑自身利益的前提之下，有时候相互联合，有时候产生冲突，这就形成了组织结构上的“栅栏效应”，也就是说远看似整体，近看却是彼此分割的独立架构。各地方政府和部门在维护自身利益最大化的同时也注重纵向的领导关系与自身绩效，也需要考虑上级部门的利益和政府整体利益。正如皮埃尔·卡蓝默在《破碎的民主》一书中所说：“眼下的治理与科学生产体系一样，基于分割、隔离、区别。职权要分割，每一级的治理都以排他的方式实施其职权。领域要分割，每个领域都由一个部门机构负责。行动者分割，每个人，特别是公共行动者，都有自身的责任领域。对明晰的追求，出发点是好的，即需要区分权力、明确责任，但是当问题相互关联时，当任何问题都不能脱离其他问题而被单独处理时，这种明晰就成了效率的障碍。”[1]

可见，政治晋升锦标赛体制对于跨域公共危机治理而言，是一种灾难。这种体制使得各地方政府进一步固化了属地化管理原则，理所当然地采取地方保护和各自为政措施，严重影响跨域公共危机良好治理的实现，可能对民众的生命和财产安全造成巨大的损失。

[1] 皮埃尔.破碎的民主：试论治理的革命[M].高凌瀚，译.上海：三联书店，2005：11.

二、属地化管理

（一）属地化管理的内涵

在公共危机管理中，政府为落实公共危机管理责任，细化管理，以树立“公共危机管理是我的责任”的意识，实现从“要我公共危机治理”到“我要公共危机治理”的转变和“谁主管、谁负责”的公共危机管理目标。属地管理的核心在于每个人都属于其辖区，由所属辖区管辖，倡导“谁主管，谁负责”原则；其好处在于行政责任人界定清晰，上级政府及领导对其下级政府及成员的行为的控制力和影响力超强。❶

属地是指公共危机所发生的区域或地域。公共危机属地管理是对属地内的公共危机按标准和按要求进行组织、协调与控制。属地主管指的是公共危机属地的直接管理者，这些直接管理者包括各级公共危机管辖范围的责任人、公共危机管理工作任务的责任人或公共危机所在属地责任人等。在公共危机属地划分原则上实行公共危机属地划分应有较为明确的公共危机范围界限，有具体的人、事、物等公共危机管理对象，有清晰的公共危机管理标准和要求；公共危机属地划分需遵循层级负责和人人有责的原则，其中公共危机层级负责是指按照公共危机层级管理的原则，从领导到具体工作人员每个层面均应有自己的公共危机管理属地，公共危机人人有责是指每一个公共危机管理属地每一时刻均有人负责公共危机管理，做到公共危机管理不空位、公共危机管理不越位、公共危机管理不错位。

公共危机管理属地划分依据包括四点。其一，公共危机区域划分。主要针对公共危机的基层管理人员。需将本单位的公共危机管辖区分片落实到具体的公共危机管理责任人，做到本单位所属的每一片公共危机发生的区域均有人负责管理。其二，公共危机应对的资产划分。主要针对直接负责公共危机应对的工作人员。各单位需将本单位管辖的公共危机应对设备设施落实到具体责任

❶ 周黎安．转型中的地方政府：官员激励与治理［M］．上海：上海人民出版社，2008：193.

人，做到每一台设备、设施均有人负责管理。其三，公共危机管理职能权限划分。主要针对各级公共危机管理人员。需将属于本单位的公共危机管理职责范围内的具体任务细化分配给各位公共危机管理人员，做到每一公共危机事件都有人管，公共危机管理不缺位、公共危机管理不错位。其四，公共危机管理的主顾关系划分。主要针对公共危机管理外委项目。公共危机管理的各单位及属地主管需对公共危机发生的属地内工作人员进行管理，对其公共危机管理工作内容、公共危机应对措施、公共危机管理行为规范等进行过程监督，做到每一项公共危机管理工作及公共危机管理人员在作业过程中均受控。

公共危机属地管理实施步骤层面有必要成立公共危机管理属地划分实施小组；开展公共危机管理全员属地管理理念的培训；编制公共危机管理属地划分实施方案；在原有各岗位职责基础上，将公共危机管理属地职责写入其岗位职责；设立公共危机管理属地区域标识，公共危机管理属地标识应设置在醒目位置，便于识别；公共危机属地管理不受公共危机管理人员变更影响，应与公共危机管理岗位挂钩，公共危机管理属地随公共危机管理人员的变更而进行相关责任交接。

在公共危机属地管理要求上，所有公共危机发生的区域必须有明确的公共危机属地主管。公共危机属地主管对公共危机属地享有管理权，任何人进入公共危机属地做任何事都要接受公共危机属地主管的管理。因而，公共危机属地管理职责明确规定：负责公共危机属地的全面管理工作，并须将公共危机责任和工作任务不断细化后逐级明确分配给其下属；完成公共危机上级属地主管的管理要求，对公共危机下级属地主管负责，并为公共危机下级属地主管提供用于维护本属地应对公共危机的必要资源；按层级履行各自公共危机管理职责，不能越级，更不能相互之间进行推诿；对公共危机属地内的一切公共危机管理行为负责，其既是公共危机属地管理者，也是公共危机属地执行者，负责公共危机管理和维护本属地的公共危机管理行为和状态，杜绝各类公共危机的发生；自觉遵守各项公共危机管理的规章制度和公共危机管理的岗位操作规程，及时学习、吸纳先进的公共危机管理经验，掌握公共危机管理工作动态，合理处置公共危机隐患；负责对本公共危机属地人员的培训、检查与考核；进入公共危机属地作业必须征得公共危机属地主管的同意，在其作业期间，作业区域内的公共危机管理由作业者自己负责，并接受公共危机属地主管的全程监督，作业完毕后，经公共危机属地主管检查后，原作业区的公共危机管理权自动移交给公共危机属地主管；公共危机属地主管因某种特殊情况而不能达到公共危机管理工作要求时，可申请上级主管予以协调，并重新明确公共危机属地范围与职责；由于公共危机属地主管不作为或者是作为不力，致使进入公共危机属地的工作人员造成公共危机属地环境破坏、设备设施损坏、人身伤害，公共危机属地主管应负其监督管理的责任；公共危机属地原因所造成的公共危机属地环境破坏、设备设施损坏、人身伤害，公共危机属地主管须按公共危机管理工作程序进行应有处置，尽可能减少公共危机所造成的各种损失，并要从公共危机属地内部查找、分析相关原因；公共危机属地管理在实施过程中若出现相关责任重叠、责任空白情况时应由上级公共危机属地负责人重新组织相关人员进行公共危机属地责任划分；公共危机上级属地负责人定期组织相关公共危机管理职能部门对公共危机属地管理的执行情况进行客观审核，审核结果纳入公共危机管理绩效考核中。

（二）公共危机属地化管理的优势

公共危机属地化管理对处理公共危机具有明显的作用和优势，主要包括以下方面：其一，政令贯彻渠道畅通和地方政府责任明确。从核心上看，公共危机属地化管理强调其核心是各级政府，并在所属地单位、社会团体、中介组织等各种公共危机治理主体共同参与和配合下对当地的公共危机进行管理。从实质上看，公共危机属地化管理是为强化各级地方政府尤其是基层政府的公共危机管理职能，通过对公共危机管理的政治和社会资源控制来实现自上而下的公共危机管理整合。各级政府尤其是基层政府能够凭借其坚实的政治和经济资源迅速贯彻落实公共危机属地化管理的各项方针政策，从而发挥政府的主导作用，强化政府自身的责任意识。其二，属地内全员参与和资源共享。事实上，属地化管理主要是“以块为主”，“参与、共享”又是这种“以块为主”的属地化管理中较为核心的精神。当公共危机发生时，属地内成员都要广泛参与到公共危机治理中，共同实现公共危机治理。在公共危机发生时，各级政府需作为公共危机治理的领头羊以组织和动员区域内的组织和部门积极参与，以贡献人力筹集资金，使公共危机属地内的资源得到有效整合和共享。

（三）公共危机属地化管理的劣势

由上可知，属地化管理体制在某一区域内的公共危机治理上具有较强的优势，如政令贯彻渠道畅通和地方政府责任明确，属地内全员参与和资源共享。但属地化管理也存在内在驱动力较弱等不足，尤其是在面对跨域公共危机时，属地化管理体制的劣势就显现出来了。

第一，在跨域公共危机中，属地化管理存在内在驱动力较弱的现象，导致公共危机管理各种碎片化现象的产生。长期以来，我国公共危机管理体制具有较强的条条、块块各自为政色彩，条块之间互相不协调，使区域内公共危机治理资源和设施供给与区域内公共危机治理资源和设施需求间产生严重矛盾。在公共危机的属地化管理中，地方政府有时会感到与有些公共危机管理主体配合较为困难，究其原因，在于公共危机管理主体级别上要远高于基层地方政府，在税收管辖上又完全不归属于地方，从而导致多数情况下这些公共危机管理主体没有与地方政府进行通力合作的积极性，更多的是采取“搭便车”的机会主义态度，迫于各种社会舆论压力或是上级公共危机管理单位的行政指令，被动参与、从众参与，参与的内在动力严重不足。这也是在跨域公共危机治理的过程中，有的地方政府受地方保护主义思想的影响，单打独干，不愿合作，缺乏信任，呈现出文化碎片化的态势，导致公共危机的防范理念碎片化产生的重要原因。

第二，事实上，在公共危机属地管理这一概念提出之前，各级政府对公共危机管理曾采取分级管理模式，后来在出台的新的公共危机管理法律法规中规定，公共危机管理实行“属地管理”原则，落实公共危机共同管理。然而，在大多数区域内，因旧的“分级管理”模式并未立即废止，新的“属地管理”模式又已经得以实施，造成传统的“分级管理”模式和现行的“属地管理”模式同时并存，人为地造成了“分级属地管理”模式的产生，这些概念上的模糊不清和理念上的不统一，就使得在实际公共危机治理过程中存在各种漏洞、矛盾和冲突。例如，一些公共危机行政部门对公共危机行政责任主体的诸如“谁受益谁负责、谁主管谁负责、上级批准当地管理、上级发证下级管理”等说法也很多，层出不穷，各持己见，各有理由与依据，阐释的核心议题在于“责任不在我这里”。尤其是在跨域公共危机治理中更是如此。“属地管理”模式是不太符合跨域公共危机治理理念的，给基层的跨域公共危机治理带来了诸多不便。一个地方政府的公共危机良好治理不仅体现在公共危机的高层决策领导上，也体现在基层政府的跨域公共危机治理工作落实上。由于跨域公共危机绝大多数发生在基层政府管辖范围内，按照分级属地管理的责任追究办法，责任永远都是在负责基层管理工作的基层政府和部门中，上层公共危机管理部门没有任何责任，换言之，分级属地管理原则将跨域公共危机治理责任往下级政府部门推卸，是一种不够负责任的行为。可见分级属地管理的做法欠科学，权利责任不太对等。这也导致了跨域公共危机治理中体制碎片化、资源碎片化等现象的产生。

第三，在跨域公共危机治理中，属地化管理导致跨域公共危机协调成本很高。属地化管理目前已被各行各业广泛使用。就地方政府来说，属地化管理从未被置于今天的高度。在公共危机处置上提出“条块结合，以块为主”的属地化管理之后，各地方政府服从上级政府的命令，亟须层层设立相应的公共危机临时指挥部或公共危机工作机构。但这些公共危机管理的临时机构因专业处理公共危机的经验缺乏，需耗费大量时间精力对内部和外部关系进行协调，以明确各自相关公共危机治理的责任和义务，可能会导致公共危机治理时机的贻误和处理的过失。这种属地化管理机制可能更加适用于某一区域内的小型的、局部性的或地域性的公共危机，公共危机管理的临时机构应对跨域公共危机治理过程中的经验和教训并未得以积累和传递，还无法固化成较为科学和严密的跨域公共危机治理决策程序及合理、有效的跨域公共危机治理流程。因此，属地化管理将导致协调成本、时间成本、机会成本、信息成本、过失成本等成本的产生，往往给各地方政府治理各种公共危机带来无法预见的障碍。

第四，在跨域公共危机治理中，从理论上说，我国现行的公共危机治理体系中，强调依据垂直管理和属地管理原则进行分级和分类治理，在某种程度上能使各地方政府在公共危机治理中发挥更大的灵活性。但在现有绩效考核体制的影响下，跨域公共危机治理中的各级地方政府及其相关部门则更易囿于部门利益、地方利益，谋求部门利益和地方利益的最大化，各地方政府间或者各相关部门间缺乏有效的协调与合作，对应承担的各种跨域公共危机治理责任相互推诿扯皮，各自为政，地方保护，出现跨域公共危机治理行动的地方主义和部门主义。所以，府际间、部门间及政府与社会力量在行动上就出现了碎片化，最终导致难以实现跨域危机的协调共治。属地化管理使各地方政府将属于自己的资源、信息等予以内化和固化，不愿将自己的相关资源、信息等与其他地方政府共享，而将自己承担的所有责任予以外化，尽可能地把责任推卸给其他的地方政府，从而出现资源碎片化、信息碎片化和责任碎片化及人力、财力和物力分散化等现象。在跨域公共危机治理中，诸如“非典”、水灾、地震、火灾、其他传染病、战争等突发性事件，具有较强的突发性、跨域性和不确定性等特点，若危机情况未得到有效控制，甚至继续发展或恶化就将导致巨大损失甚至严重影响经济发展和社会稳定。这种跨域公共危机治理牵涉多个地区和部门，单凭一个地方政府或部门无法在一定时间和空间范围内解决跨域公共危机问题，虽然我国政府已在某种程度上建立了全国一体化的指挥系统，但是这种全国一体化的指挥系统的建立更多是政府理性而远非公共理性。地方政府往往对我国目前的非政府组织、公民团体等各种组织化的社会力量缺乏足够的信任，导致这些社会主体力量更多的是在自己能力所及的范围内单独做一些较为分散化、碎片化的公益性活动，无法融入各级政府组织的跨域公共危机治理大流之中。这正体现了各级政府在跨域公共危机治理中的非公共理性的缺失，这也就无法为更深、更细、更透、更实地做好跨域公共危机的防范工作采取有序、有力、有效的防范跨域公共危机的有关措施，从而就要求理性的政府进行公共理性的大力培育，充分调动、发挥各类非政府的社会组织、团体、社区、企业、公民等的积极性，实现跨域公共危机治理主体多元化，以努力减少跨域公共危机所导致的后果与损失。

第四节　协调和整合机制缺失

一、协调机制缺失

目前，我国已逐渐实现从计划经济向市场经济转型和从传统社会向现代社会转型，在这急剧转型的过程中，社会中各种构成要素发生较大的变动和调整，各种冲突和矛盾开始显现并错综复杂地相互交织在一起，社会公共危机的复杂性和不确定性日益凸显，各种公共危机事件已处于高发期，尤其是跨域公共危机频繁发生、层出不穷，无法消弭，导致跨域公共危机成了社会转型的附属物并成为常态，我国已开始迈入高风险社会，跨域公共危机已严重威胁到我国经济发展和社会的正常运行。由于跨域公共危机的不确定性、时间的有限性、威胁性等特征的严重存在，并且这些特征变得越来越外溢化，跨域公共危机不再只限于某一单位行政区域或某一具体的公共部门，而是被广泛渗透、扩散到多个不同区域，许多跨域公共危机也已经完全超越了具体的单位行政区域，使得公共危机区域性日益凸显。面对这些棘手性问题，单一政府已经无法从根本上解决，需要多个相关地方政府和公共部门具有区域化和整体性思维，采取必要的共同行动和区域化行动，共同协调和协作治理，形成多元主体共同参与的跨域公共危机网络化协调机制。但从目前情况看，这种多元主体共同参与的跨域公共危机网络化协调机制还远未建立起来，机制的缺失现象较为严重。

第一，从跨域公共危机治理的协调主体上看，在大多数地区地方政府扮演着跨域公共危机治理中公共物品的唯一和直接生产者与提供者，参与了跨域公共危机治理中从被公共物品和公共服务需要到公共物品和公共服务被消费的整个过程，是唯一的跨域公共危机治理的参与者和主体，扮演者多重跨域公共危机治理角色，承担着多重跨域公共危机治理任务。其他的跨域公共危机治理主体未能参与到其中，非营利性组织、私人部门和社区组织等都没能进入跨域公共危机治理过程中，政府部门仅通过传统的行政命令方式对非营利性组织、私人部门和社区组织等传达决策，政府部门与非营利性组织、私人部门和社区组织等之间缺乏互动沟通，疏于联系；非营利性组织、私人部门和社区组织等正处于从政府领域向公众领域过渡时期，在资金筹措与运作能力上普遍存在不足，以致跨域公共危机事件发生后非营利性组织、私人部门和社区组织等提供的相关救助捉襟见肘，政府又未想办法调动非营利性组织、私人部门和社区组织等的参与积极性，使非营利性组织、私人部门和社区组织等参与跨域公共危机治理程度偏低，政府与非营利性组织、私人部门和社区组织等之间在跨域公共危机治理层面的沟通较少，协调不足，协调机制缺失。

第二，从协调制度层面看，尽管跨域公共危机治理中协调机制的建构非常重要且已经引起学界与政府的高度重视，但是，由于制度设计和供给不足，跨域公共危机治理协调机制无法得以建立和维系。譬如，我国仍然承袭着传统的公共危机治理体制框架的从中央政府到地方政府的层级管理模式。虽然在2006年，从国务院到各级地方政府都相应成立了公共危机应急办公室，并制定了相关条例，相关条例规定地方公共危机应急办公室在体制上既受地方政府领导又受国务院应急管理办公室领导。从而，我国公共危机治理体系出现了中央-地方的属地管理模式。即在制度上规定区域性公共危机的管理体制——地方政府在中央政府的统一领导下按照行政区划各自管理本地区的公共危机。[1]这也就告诉我们，现有的跨域公共危机治理体制导致了跨域公共危机信息是自上而下在公共危机治理体制内传递，先由下级传递到上级再由上级反馈到下级，造成了严重的时间延误和极大的制度弊端。当前在跨域公共危机治理上的体制过于强调中央政府与地方政府之间的纵向公共危机管理，却没有从中央政府层面提供跨域公共危机治理中的区域政府协调与协同的制度保证，忽略了跨域公共危机治理中各区域政府间协调机制的设计，导致跨域公共危机治理中各区域政府间协调机制的缺失。

然而，目前一些地区也尝试着去建立一些跨域公共危机治理的区域政府协调协议，如包括湖南、福建、广西、广东、贵州、海南、云南、江西、四川九个省（自治区）与香港、澳门两个特别行政区的11个地方政府行政首长曾在广州签署了一份《泛珠三角跨域公共危机治理合作框架协议》。这一协议的签订表明了中国的跨域公共危机治理大协调框架已经开始形成。协议上明确规定了加强跨域公共危机治理中的地方政府间协调机制尤其是区域环境保护合作机制和卫生防疫合作机制的建立，从而将跨域公共危机治理引入制度化建设层面。但是该协议在提出建构跨域公共危机治理协调机制的基础上并未对相关的跨域公共危机治理协调主体的构成和机构设置予以明确规定。在跨域公共危机治理中，真正具有法律效力的区域政府和区域性的政府协调组织并未真正建立起来，这就使得跨域公共危机治理协调机制并未得到良好运行。因而，从这个意义上讲，跨域公共危机治理协调机制仍然处于有名无实状态，其效力并未得到应有发挥，跨域公共危机治理协调机制还是处于相对缺失状态。

第三，跨域公共危机治理协调机制的动力消解。在跨域公共危机治理中，各地方政府对跨域公共危机治理协调机制建构的积极性仍然处于较低的水平，区域内地方政府参与跨域公共危机治理协调机制建构的动力严重不足，甚至在各种社会因素、经济因素和政治因素的干扰下逐步走向消解，使地方政府在跨

[1] 陈瑞莲．区域公共管理导论[M].北京：中国社会科学出版社，2006：7.

域公共危机治理中追求自我利益最大化的实现和自我政绩的提升，从而在跨域公共危机治理中各自为政、实行地方保护主义。地方政府在跨域公共危机治理过程中对辖区内的公共危机十分重视，对跨行政区划的跨域公共危机则置之不理或规避责任，单独行动，表现出跨域公共危机治理中的地方政府横向低协调，封闭各地方政府和部门的信息空间，导致信息不对称性和信息碎片化现象的产生，无法形成统一的行动。在跨域公共危机治理的过程中，有的地方政府受地方保护主义思想的影响，单打独干，不愿合作，缺乏信任。一些地方政府观念落后，故步自封，认为外界的竞争会对本地区经济发展造成不利影响，因此，不愿外界干预本地区事务。而地方政府官员也乐于坐上一方之主的交椅，不愿与他人合作。跨域公共危机治理需要跨地区、跨部门的协调与合作，但是，各地方政府和部门由于担心利益分配方面的问题而不愿合作。在统一协调、科学合理的利益分配机制建立之前，跨域公共危机合作治理步履维艰。地方政府之间信任缺失，协调缺乏动力。跨域公共危机治理需要地方政府间开展合作共治，这需要以政府间的信任为基础。当前，我国地方政府与地方政府之间缺乏一定的信任机制。一届政府一届政策的现象在地方较为明显。由于政策缺乏连续性，易变性突出，这一情况直接造成了跨域公共危机治理中地方政府协调的障碍。而且，缺少跨域公共危机治理协调的具体量化指标的地方政府政绩考核体系将在某种程度上驱使地方政府进行协调博弈和采取不协调的策略，尽可能地规避对地方政府自身不利的行为，这就造成跨域公共危机治理协调中激励制度的缺失，而跨域公共危机治理协调激励和约束机制的缺失也直接导致跨域公共危机治理协调的动力不足，各地方政府之间的协调程度偏低和协调机制严重缺失，进而阻滞跨域公共危机治理协调的实现。

二、整合机制不足

诸多历史教训告诉我们，跨域公共危机治理是有效应对具有较强系统性风险复合型公共危机的内在要求，是需要通过良好的府际关系和公私合作伙伴等方式实现地理空间上的跨区域治理、行政单位中的跨组织治理、优势互补上的跨部门治理。然而，在现实的跨域公共危机治理中，还存在很多的不足，如理念和文化的碎片化、资源碎片化、政策制定和执行碎片化、信息碎片化、结构碎片化、功能碎片化、责任碎片化等，究其原因，在于跨域公共危机治理中的整合不足。跨域公共危机治理整合不足的存在将产生重要影响。

首先，跨域公共危机治理整合不足将无法实现各地方政府的整体性联动。各政府组织在跨域公共危机治理中发挥着非常重要的作用，尤其是这些政府组织之间的“横向联系”与整体性联动是成功应对跨域公共危机的关键。然而，由于各地方政府间和各部门间在相互激烈竞争关系下的横向联动与合作，容易产生“部门主义”，使各政府组织间产生不协调、冲突、对抗，各个政府组织在缺乏共同的上级政府、部门或机构的协调情况下往往从自身角度出发，在面对责任的承担和成本的付出时出现相互推诿情况，导致地方政府和部门在跨域公共危机整体性治理中的协同能力和治理水平下降。例如汶川大地震，在地震发生后，工业与信息化部、民政部、公安部、交通运输部、环境保护部、农业部、铁道部、水利部、卫生部、商务部、国家安全生产监督管理总局（简称安监总局）等部门第一时间建立了属于部门管辖的抗震救灾应急领导小组或者启动了应急预案。这些抗震救灾应急领导小组或者应急预案是在中央政府的干预下迅速做出，显得效率很高。但因各政府部门之间是互不隶属的平级关系，治理机制和治理理念不同，公共危机治理的信息无法互通互连，资源缺乏应有共享，在具体的公共危机治理过程中难免出现多头现象，协调紧密性不够，整体联动水平处于较低的水平。事实证明，面对跨域公共危机时，单一的地方政府或单独的部门很难有效应对带有跨域性、不确定性和突发性等棘手性的公共危机，这就需要在整合多个地方政府公共危机治理机制的情况下加强不同地方政府和不同行政区域之间的合作，建构跨区域的整体性公共危机治理模式。也正是因为跨区域公共危机治理的整合不足，汶川大地震时才需要在纵向的国家相关政策的支持和干预下，建立相对较好的跨区域公共危机治理机制，如汶川地震发生后，国家专门出台了《汶川地震灾后恢复重建对口支援方案》，制定了“一省帮一重灾县”的原则，以支援方的经济能力、受援方的灾情程度进行资源和力量合理配置，建立灾后对口支援机制。因此，我国的跨域公共危机整体性治理中有必要加强跨区域的横向整合与合作，建立跨域公共危机应急工作协同模式，整合各地方政府的公共危机治理中的公安特警、武警消防官兵和医疗救护人员等各种治理资源，通过整体性的模拟演练不断深化政府工作人员对公共危机尤其是跨域公共危机的认识和防治知识的理解和运用，锻炼其应对跨域公共危机的能力，提升府际间、部门间公共危机应对的协调合作和联动反应能力，建立整体性的指挥调度平台，实现跨区域公共危机治理。

其次，跨区域公共危机治理中整合机制的缺失，无法实现资源共享和绩效最大化。考察跨区域公共危机治理中整合机制是否完善及公共危机治理整体性运作的水平在于衡量各地方政府、各部门活动间资源共享情况如何，工业与信息化部、民政部、公安部、交通运输部、环境保护部、农业部、铁道部、水利部、卫生部、商务部、安监总局等部门沟通的频率与合作的深度。跨域公共危机治理中整合机制的缺失，将使各地方政府无法共享各地方政府和部门整体性运作时所需要的共享性资源，难以避免各地方政府和部门单独行动所导致的成本过高及各地方政府和部门间的相互信任障碍，也就无法建立一体化的信息系统，将导致资源碎片化、设备碎片化、信息碎片化、技术碎片化、数据库碎片化等，进而严重影响各地方政府和部门公共危机整体性运作的效率提升和绩效最大化。

可见，整合与协同已经成为治理的总体趋势，在跨域公共危机治理也不例外。随着社会转型的不断深入，我国已经迈入了公共危机的多发期，跨域公共危机的良好治理需要对各地方政府和部门的有效整合。跨域公共危机治理中整合机制的缺失，将直接影响跨域公共危机整体性治理的联动效应、资源共享和绩效最大化。只有实现跨域公共危机治理机制的整合，才能在合作机制上有所创新，建立利益共享、思路清晰、决策迅速、沟通高效、公共危机治理高效率及救治成本低廉的协同机制，实现各地方政府间和各部门间人力资源、物力资源和财力资源等的有序流动和有效整合，才能实现工业与信息化部、民政部、公安部、交通运输部、环境保护部、农业部、铁道部、水利部、卫生部、商务部、安监总局等部门的业务系统、业务流程整合，建立跨域公共危机应对的物质保障联合储备系统，提高各地方政府间和各部门间应急协调能力，使有限资源发挥最大化效益，最终实现跨区域公共危机整体性治理。

第五节 棘手性难题和信任缺失

一、棘手性难题

近年来，公共危机的爆发越来越凸显跨域的性质。一系列的公共危机事件，如汶川地震、卡特里娜飓风和火山灰危机等，这些公共危机已使世界范围内的各个国家政府遭受了严峻的考验。上述这些公共危机的共同特点就是影响多个行政区域，危机治理涉及多个政策部门，并且升级迅速，扩散过程多变。在希克斯看来，正是因为这些跨区域、跨部门和跨功能的棘手件难题的存在，整体性治理的理论才应运而生。

所谓棘手性难题，指的是由于跨越多个部门的边界，单个部门难以解决的民生问题，而且这些民生问题并非在一定的专业或机构、功能等界限内发生的，因此要解决这些跨域的复杂性问题是相当有难度的。美国学者里特尔和韦伯总结了“棘手性难题”的十个特点：一是，难有一个精确的解释；二是，没有一个最终的评判标准；三是，其解决之道很难有对错之分，只有好坏的区别；四是，没有终极的解决之道；五是，解决方案常常都是“一次性”的，因为在实践当中环环相连，试错了就不能再回到起点；六是，可能会有无数的解决方案，但很难完美地整合成一个方案；七是，其本质非常独特；八是，其可从多角度表达，不同的表达方式有时会意味着有不同的解决方法；九是，其常常是盘根错节并互相关联的；十是，其规划者尽可能在开始时不要出错，否则会环环出错。李奇·罗伯特和培西·史密斯是这样描述“棘手性难题”的：第一，这些问题相互交织；第二，单一层级的政府很难进行治理；第三，很难对应分配到既有的某个部门中；第四，需要多方参与、共同合作及长期作战。

跨域公共危机中的“棘手性难题”主要表现在跨域性、突发性和不确定性三个方面。

（一）跨域性

公共危机具有跨域性是指其跨越了地理上的界限，威胁到众多的国家、地区或城市。有的公共危机具有跨越功能界限的特征，危害到多个系统、基础设施或者功能，如金融危机进入产业危机的领域，私营部门的危机进入公共部门等。

（二）突发性

跨域公共危机是一种非常规状态下的突发性事件。近年来，国内外公共危机的爆发都呈现出突发性增强的趋势。现代传播技术的迅猛发展，使我们都能在第一时间了解到世界各地发生的各类公共危机。公共危机不确定在某一个阶段或时间点发生，它随时随地都有突发的可能，业已成为社会发展中不可回避的问题。跨域公共危机的突发常常会给多个地区带来严重影响，给人们的生产生活造成诸多不便。

（三）不确定性

跨域公共危机的不确定性主要包括三种类型。第一种类型是跨域公共危机来源的不确定性。例如，造成跨域公共危机的原因是什么？是怎么发生的？会带来什么样的影响？第二种类型是跨域公共危机发展变化的不确定性。例如正在发生的危机是什么？接下来会怎样？最终会如何走向？第三种是跨域公共危机应对方案的不确定性。例如，怎样才能缓解危机？如何改变危机？跨域公共危机的不确定性是非常强的。当公共危机向多个国家、地区、部门扩散的时候，公共危机将会变得捉摸不定。如果政府在处理自身不确定性的时候需要其他国家或地区提供信息，那么这个不确定性又会进一步变大。在公共危机治理中，信息常常是很难获取的，需要采用多种方式才能获得，有时甚至还被误解。在地方政府看来，要识别这些交叠性的公共危机，是非常困难的。人们常常是通过自己的经历、价值观念和利益来决定对公共危机的看法和认识，从这个意义上说公共危机在很大程度上是由旁观者的看法所决定的。在跨域公共危机中，政策决策层也希望能够减轻公共危机的不确定性，向民众提供正确的公共危机信息，告知民众为什么会发生这样的跨域公共危机以及应该如何去尽量避免公共危机带来的负面影响。但是，要做到这一点，政府还需要付出很多的努力。

二、信任缺失

“信任能够将复杂性简化，通过信任复杂性难题以这一方式被分摊，因而变少，也就是说，一方暂时信任另一方会成功地驾驭暧昧不清的情况，换言之，将会简化复杂性。”[1]从理论上讲，一个组织是否值得信任，人们除了从组织行为方式上进行评判外，还从组织间的人际信任进行评价。在跨域公共危机治理中也是如此，以下就从组织行为方式和组织中人际信任两个层面对跨域公共危机治理的组织信任机制缺失进行探讨。

第一，从政府组织行为方式上看，一个政府组织是否值得信任，与政府组织的行为方式密切相关，政府组织的行为方式可以从政府组织的价值取向、利益导向和参与程度上得以体现。在跨域公共危机治理中，各地方政府组织的行为方式是通过其一系列的跨域公共危机治理价值选择、跨域公共危机治理利益追求和跨域公共危机治理参与程度得以真实体现。目前，在我国跨域公共危机治理中，各地方政府组织间因跨域公共危机治理的价值导向、跨域公共危机治理的利益追求和跨域公共危机治理的参与程度不同，选择不同甚至完全不一样

[1] 尼古拉斯.信任：一个社会复杂性的简化机制[M].瞿铁鹏，李强，译.上海：世纪出版集团，2005.

的行为方式。再者，各地方政府组织间存在着激烈的竞争关系，这就使得各地方政府组织为了自我价值和地方利益的最大化实现，参与跨域公共危机治理的积极性有所不同。由政府组织行为方式可知，目前在跨域公共危机治理中各地方政府组织具有明显的自我价值取向和地方利益追求，跨域公共危机治理的参与程度居低不上，在跨域公共危机治理中各地方政府组织信任机制不够健全。

同时，在跨域公共危机治理中的组织除了政府组织外，还有其他的非政府组织、私人组织等。因跨域公共危机治理长期由政府组织扮演着主导角色，其他的如非政府组织、私人组织等尚未真正参与到跨域公共危机治理中，政府组织与非政府组织、私人组织等的信任机制尚未建立。由于非政府组织、私人组织等的天然不足，政府组织在跨域公共危机治理中忽略其应扮演的角色和应起的作用。而政府组织对非政府组织、私人组织等的不信任也导致非政府组织、私人组织等缺乏参与跨域公共危机治理的动力源，积极性也较为低下。因此，政府组织与非政府组织、私人组织等的组织信任机制缺失严重。

第二，从人际关系上看，跨域公共危机治理中的信任机制缺失也是较为明显的。在跨域公共危机治理中，人际关系主要包括各政府组织成员间的信任和各政府组织领导人间的信任。对各政府组织成员间的信任的评判主要是从组织成员的信任品质层面去考量。因为对于跨域公共危机治理过程中各组织成员而言，为了保证在跨域公共危机治理过程中组织成员行为动机为其他成员所信任，就必须塑造良好的组织成员信任品质。就跨域公共危机治理过程中各组织成员的品质来说，主要包括诚实、守约和团结三个方面。目前，跨域公共危机治理过程中各组织成员的诚实情况因相互间交流较少、了解不深而无法定论，他们在代表自身的组织与其他的组织进行交往并开展跨域公共危机治理合作时，很难清楚地知晓对方的立场和观点，从而无法在短时间内建立起真正的信任和协同机制；同样，对其他组织成员的法律意识和契约精神，在代表其组织履行相互间所达成的协议时是否信守承诺，是否会采取机会主义的态度，钻协议漏洞，甚至可能导致跨域公共危机治理的失灵乃至失败等情况缺乏足够的信任；在能否团结一致、通力合作，共同解决跨域公共危机治理的各种疑难和问题等也是揣摩不透。可见，各政府组织成员间的人际信任机制也远未建立起来。

各组织领导人间的信任机制也存在缺失现象。一个组织的运行方向与发展战略在很大程度上与其组织领导人之间存在着密切联系，而跨域公共危机治理过程中，各个组织间信任关系确立同样与其组织领导人之间是否相互信任有着较为密切的联系。各个组织领导人之间信任度的高低和是否值得信任是由组织领导人是否严于律己，是否自觉维护自身的形象和声誉，组织领导人间私人关系是否良好来决定的。Child认为信任是需要通过反复的交易，各方逐渐认识到对方并基于这种认识来预知对方未来行为的可能性❶。目前，在跨域公共危机治理中，因跨域公共危机的突发性，组织领导人之间的交往大多为一次性或短期性，很难形成长效机制，进而影响组织领导人间的谈判、沟通、协调等诸多方面能力的培育及信任度的判断。因而，在跨域公共危机治理中，组织领导人间的信任机制也是较为缺失和碎片化的。

最后，跨域公共危机治理中的制度信任机制的不足和碎片化也是较为突出的。在跨域公共危机治理中，除了以上的组织信任机制和人际信任机制外，制度信任机制也是很重要的。由于我国在跨域公共危机治理中的相关制度还很不完善，在当前的跨域公共危机治理中，地方政府间合作源于具有共同权威的上级政府的“撮合”，其“横向关系也受制于央地关系”❷。但在利益高度分化的时代，各地方政府主动寻求跨域公共危机治理合作的主动性与愿望并未得到实质性加强，跨域公共危机治理中的政府间关系变得更为复杂化。库珀曾指出，“随着层级指令向合同管理转变，有关公共物品和服务的合同决定一旦做出，

❶ CHILD J. Trust and international strategic alliances：the case of sino-foreign joint venture[M]. New York：Oxford University Press，1998.

❷ 林尚立. 国内政府间关系[M]. 杭州：浙江人民出版社，1998：6.

在纵向模式中运作后发挥作用”[1]。在不久的将来，跨域公共危机治理中的制度信任应成为地方政府间合作的主要形式，制度信任也将成为跨域公共危机治理中地方政府间信任的主要来源之一。但是跨域公共危机治理中政府组织间合作的制度缺失直接导致了政府组织间制度信任不足和碎片化。

[1] 菲利普.合同制跨域公共危机治理[M].竺乾威，译.上海：复旦大学出版社，2007：50.

第五章　路径探究：跨域公共危机整体性治理

基于上述跨域公共危机治理中所存在的理念和文化碎片化、功能碎片化、结构碎片化、信息碎片化等现象的描述及经济学、政治学、管理学和社会学等层面的全面剖析，本书认为需要运用整体性治理理论对跨域公共危机进行治理，并从治理理念面向、治理功能面向、治理结构面向、治理机制面向、治理技术面向等进行合理整合与协调，实现跨域公共危机整体性治理。

第一节　治理理念面向

理念和文化作为一种意识形态深刻地影响着跨域公共危机治理的过程。价值和文化以特定的方式存在，并具有独立性、实践性和阶级性等特征，它以一种独特的方式对危机治理产生影响。

一、跨域公共危机治理的理念诉求

（一）新公共管理的核心理念

治理是在公共行政急需积极符号之时出现的一种积极符号。[1]作为一种有关公共危机的积极符号的跨域公共危机治理是政府应对危机事件的一种管理方式或一类管理措施，它既是政府公权重新回归社会的表现同时也是政府与民众良好合作的开端。在跨域公共危机治理的过程中，治理的核心理念也在发生着潜移默化的变换，之前的控制行政、效率行政、单中心治理与政府本位行政在实践中遭到质疑，民主行政、法治行政、多中心网络治理与市场化

[1] 乔治.公共行政的精神[M].北京：中国人民大学出版社，2003：82.

行政掀起热议。

其实早在20世纪70年代，行政改革就已经在世界范围内掀起了热潮。这场全球范围的治理变革主要可分为以下三种类型：一种是积极推进“新公共管理”式政府改革的国家。其中最具代表性的包括英国、美国、澳大利亚、新西兰等国。另一种是受新公共管理影响，实行渐进式改革的国家，如德国、法国、瑞典和荷兰。最后一种是强调要进行制度化改革，争取行政合法性的国家，以希腊和意大利为代表。综观上述三种类型的改革，虽然改革的具体措施和方式有所不同，但是它们在理念上都体现出了对新公共管理治理范式予以变革的倾向或态度。具体来说，这次行政改革的核心理念表现在以下几个方面：首先是追求高效益和高效率的政府模式。传统的政治行政两分法所确立的官僚机构在权力与权威的来源不断扩大的情况下已经很难确保其有效性。从而，美国学者盖·彼得斯提出了市场模式、灵活模式、非管制型模式和参与模式四种未来的政府治理模式。盖·彼得斯希望市场模式的推行能够提升政府的效率和效能；灵活模式的推行能够提高公共部门效率并能降低财政的费用；非管制型模式的推行能够使得政府以更合理有效的效率为公民提供服务；参与模式的推行能够使部门权力下放到基层组织及组织机构的顾客。其次是管理主义的倾向。通过引进战略管理、信息管理、成本管理及全面管理等现代化管理方式来创建“企业化政府”的流程。效仿企业的管理模式以绩效成果为导向进行目标管理，注重投入和产出间的比重，加快将信息技术引入政府管理的步伐，构建出电子化政府，将各部门的力量进行整合，以达到为公民提供更好的服务这一目的，并且使公民和政府能够通过网络平台进行互动，让公民真正地“走进政府”。最后是私有化倾向。为了减轻政府的负担，需要将部分公共服务和公共职能转交给私营机构经营和提供。要达到裁减政府雇员并提高政府服务效率的目的，可以通过契约转包等方式，将公共服务外包给那些负责任、有能力，同时具备了企业家精神的私营组织。

虽然私有化和管理主义看到了私营部门的优越性即高效率和高效益，但是忽视了公平性、责任性和公共性等重要问题。美国学者帕特里夏·英格拉姆曾就这种“新泰勒主义”提出批判:“有很多理由说明为什么政府不同于私营部门。最重要的是,对许多公共组织来说,效率不是所追求的唯一目的,还存在其他目标。它们正是通过不把效率置于至高无上的地位来立足于社会的。”❶

(二)跨域公共危机治理中的公平理念

里根曾经说过,“政府有必要照顾不是因为自己的过失而无法供养自己的人们,对那些真正需要和应该享受救济的人给予帮助”❷。跨域公共危机治理过程中,地方政府之间,横向部门之间存在治理碎片化和利益分化的突出矛盾,社会公平理念成为引领跨域公共危机治理中一个关键的因素。

20世纪60年代,美国学者弗里德曼与罗尔斯展开了一场公平与效率的争论,争论的焦点是到底是把优先权交给公平还是交给效率。时至今日,公平与效率孰轻孰重仍然没有一个标准的答案。若将社会喻为“木桶”,社会公平就是此木桶的第一极,影响、决定着该木桶的最大容量和平稳性,从而把握社会公平本质并确定其衡量标准是有效解决公共治理中公平问题的关键。❸

随着全球一体化和经济一体化步伐的加快,信息网络技术得到极大的普及,公民可以更加便捷、及时地通过各种渠道获取信息,同时对行政活动的透明性和公正性也有了更高的要求。特别是那些在危机事件中处于弱势地位的群体,他们饱受危机胁迫之苦对政府治理抱有热切之心;反之,如果危机治理没有公正之心,没有公民所期盼的治理效果,那么他们对政府是不会有信任之心的。早在1997年,世界银行在世界发展报告中就提出了政府的五项核心使命以期提高政府治理绩效,加强公民对政府的信任度,如创设良好政策环境、保护生态环境、保护弱势群体等。政府积极采取有效政策和措施保护弱势群体,缓和社会矛盾,维护社会公平正义,充分发挥政府社会治理的作用。

❶国家行政学院.西方国家行政改革述评[M].北京:国家行政学院出版社,1998:62.

❷ 毛寿龙,李梅,陈幽泓.西方政府的治道变革[M].北京:中国人民大学出版社,1998:73.

❸ 陈亮.从效率优先到多元价值的整合:社会治理转型的价值诉求[J].辽宁行政学院学报,2012(6).

概而言之，学界对社会公平本质的理解可以归结为以下几种：一是从社会规定性上看公平，即公平是与具体的社会条件及环境相当的；二是从心理感受层面看公平，即人们在判断公平度的时候会从横向和纵向两个层面去考虑；三是从分配与再分配制度的层面看公平；四是制度规则上的公平；五是政策上的公平。

二、跨域公共危机治理中的理念整合

政府应该是一个“公平施政”的场所，实现公共行政多元价值的整合正是“公共行政艺术的精髓所在”[1]。公共管理者原先秉承的价值中立已被视为对公共利益的漠视及对公共需求回应的迟缓，是一种对“以顾客为中心”价值的忽略。可见，政府治理只重效率的做法具有一定的偏颇性，还需要兼顾效率与公平，二者是你中有我、我中有你的，而且二者要达到一种互利和平衡。未来的公共行政势必更加关注公平理念，以公平理念贯穿到为公民服务、“重塑政府”的行动当中。社会公平对于危机治理具有重要的意义，它是跨域公共危机治理的基石。跨域公共危机治理追求的是公平、效率、效果和效益多元价值理念的整合。

首先，公平是政府治理中对公民社会需求的一种回应，是跨域公共危机治理的基石，是需要予以特别重视的问题。在公共危机事件中，遭遇危机困难的所有人群都是被救助群体，然而在资源有限的前提下如何平等分配资源就是一个摆在公共危机治理者面前的难题。当公共权力与私人权利发生冲突，当多个利益主体同时诉求，究竟该维护谁的利益，该回应哪个利益诉求主体，这不但涉及跨域公共危机治理的决策还是一个敏感的政治问题。在面对上述选择难题的时候，一定要坚持公平和正义的价值抉择。只有秉承公平的价值取向才能使有限的资源诸如人力、财力、救济品等投入到最需要的地方，也只有如此才能让危机事件得以圆满解决，社会得以稳定，四方得以平安。

其次，效率是跨域公共危机治理中的重要理念和价值取向。跨域公共危机

[1] 戴维.公共行政学：管理、政治和法律的途径[M].北京：中国人民大学出版社，2002：9.

不仅涉及的区域广泛，而且还具有一般公共危机的不确定性、突发性和危害性。危机事件的发生会在社会上造成广泛影响，因此，危机治理过程必须及时、迅速和有效。通过对危机事件进行高效的治理，危机的损害可以减少，危机的损失程度亦随之降低，最理想的治理效果是转“危”为“机”。为了尽可能地提高危机治理的效率，政府在危机治理的实施过程中应做到精减人员，还要避免危机治理的临时指挥机构庞杂臃肿，有效杜绝效率低下和人浮于事。在实际的跨域公共危机治理当中，由于危机涉及多个地区，治理效率低下或是当地政府行政不作为，造成由一次危机的“连带效应”[1]导致出现二次危机，如一次自然危机导致后续的社会危机和政治危机。

再次，效果是跨域公共危机治理追求的核心理念之一。跨域公共危机比一般公共危机更具复杂性、不确定性和信息不对称性，面对如此紧张复杂的危机治理局面很容易使危机决策的主体陷入“危机迷情”[2]与“群体盲思”[3]，造成治理决策的偏差和失误，危机治理效果受到直接影响。危机治理效果还会受到不同阶段管理的影响如风险、威胁、危机到灾害等的连续叠加。因此，跨域公共危机治理要达到有效的预防、预警和响应等效果，需要一个全面的治理网络设计及治理体系建构。

最后，跨域公共危机治理最终要融入常态化的管理当中，这就需要注重效益。要提高治理效益就需要降低危机救治成本，将危机损失尽可能控制到最低。实现跨域公共危机治理的社会效益，需要充分发挥社会组织和市场组织的

---

❶ 连带效应，像一粒石子投入池水中引起的阵阵涟漪那样，初始的危机事件会对外部产生一系列负面的影响，所引起的冲击破坏可能包含石子撞击池底，在水面及周边溅出水花和涟漪荡荡引起的波动。参见希斯.危机管理[M].王成，等，译.北京：中信出版社，2001：13.

❷ 危机迷情，与“战争迷雾”同义，是指在战争中由于天气或枪后烟雾的原因，随着战场规模的不断扩大，战场变得扑朔迷离，看清整个战斗过程的能力被大大缩减，军队指挥官们因此而缺乏判断情景进展的能力.参见罗伯特·希斯.危机管理[M].王成，等，译.北京：中信出版社，2001：176.

❸ 在危机情境下，因某些特殊的决策环境组合，会使决策团体的内在群体压力（in-group pressures）升高，而使此决策团体的心智效能、检验真实的能力及道德判断受到破坏，此种情境即是“群体盲思”。参见 Groupthink J I L. Psychological studies of policy decision and fiascoec.[M].Boston：Houghton Mifflin，1982：9.邓飞，吴金群.论危机情境下的政府决策[J].学术论坛，1999（6）.

力量，提高公众防范危机的能力，政府与非政府组织之间的互动与合作也是全面提升跨域公共危机合作共治的社会效益的有效途径。

总之，跨域公共危机治理中的多元价值整合和碎片化的理念整合，需要加强以公平、效率、效果和效益为主的核心理念体系的构建，以公民最大化需求为导向，将公民的生活事项而非政府工作事项作为首要治理事项。

三、跨域公共危机治理中的文化整合

希克斯曾在《整体性政府》一书中提过，整体性治理的构建需要对文化进行革新。危机治理文化形成，就会成为一种非正式控制规则，它能对公民的思想和行为产生潜移默化的影响，使公民放弃不符合危机治理期望的行为，转而追求危机治理的理想和目标。同时，在危机治理文化的熏陶下，公民容易形成共同的价值观念，使人际关系更加和谐，产生有利于危机治理的向心力和凝聚力。希克斯基于化异和求同原则将文化整合方式分为四大类型：其一是建构一套包容性的制度，即通过先化解矛盾，进而寻求相互间的共同点，从而由此建立一套相互让步和包容的制度，形成一种整体性的危机治理价值观与文化体系；其二是分立及权变的做法，即在没有化解各组织或主体间的文化冲突和矛盾的基础上追求其共性的协调方式，各组织或主体都是静观其变地进行微调，提升各组织或主体间的适应性和协同性；其三是建立交易和相互依赖的方式，即没有化解矛盾也没有寻求相互间的共同点，在自由互动前提下实现相互间的协作，共同反对强权的介入与支配；其四是妥协或混合，即只化解相互间的矛盾，而没有寻求相互间共同点基础上达成的，这种协调方式实现的关键在于共同体中各组织间的自律和相互让步、妥协。

第二节　治理功能面向

20世纪90年代末，在西方国家掀起了一轮以整体性治理为先导的公共服

务改革。这一基于整体性治理的改革浪潮不仅席卷了英国、新西兰和澳大利亚这些改革先锋国家，还在那些没有进行过新公共管理改革的国家也掀起了改革的波澜。这些基于整体性治理进行行政改革的国家，都在致力于解决那些不同行政层级、不同公共部门协作的棘手难题，提出制度“碎片化”、职能“悬空”和权力“真空”的解决措施，努力寻求一种跨部门的功能整合与协同。

关于整体性治理的研究也正逐渐引起我国学者的重视，近年来成了一个比较热门的研究领域。与整体性治理相近的概念不少，如“跨部门协作”“协同治理”“网络化治理”等。虽然这些概念不尽相同，各自有着具体的含义和着眼点，但凝练其中的本质含义强调制度化的“跨域”合作以增进公共价值。整体性治理的核心特征之一就是合作的“跨域性”。

公共危机治理中的跨域合作在实践中有多种整合与协同形式：“纵向功能整合”即上下级政府功能之间的整合；“横向功能协同”即同级政府功能之间的或是同一政府但是属于不同职能部门之间的整合；“内外协同”即政府和非政府组织之间的功能协同；同时包括政策协同这一特殊的形式。

一、纵向功能整合

上下级政府间关系的协同可以说是中国行政制度中一个棘手性难题。国家意志的代表者是中央政府，中央是领导全国的。地方政府虽然不能代表一个国家的意志和利益，但是地方政府却拥有着管辖区域的执行和监督系统，而这些正是中央政府所欠缺的。中央政府的决策需要靠地方政府去贯彻执行。在这样的制度背景下，就容易出现中央权力地方化、地方权力中央化的制度怪象。其实，无论是中央权力地方化还是地方权力中央化所反映出来的都是同一个问题，那就是原本属于中央的权力下放给了地方政府，中央政权地方化之后会带来一系列的问题。一个国家要拥有充满活力和张力的政治架构，并不是说这个架构没有矛盾而是说这一政治架构具备较强的协同机制从而化解矛盾。弗朗西斯·福山认为，国家的构建最主要分为两个层面，一是国家体制运作范围；二是国家体制能力。前者是指政府施政的涉及范围和具体功能，后者是指政策执行的力度与效果。这两个层面共同体现着国家政府的强弱。[1]一个国家需要具备以下能力：做到对中央和地方的关系进行恰当处理，中央和地方权力的划分与架构既符合实际情况又具有有效性，在保证中央对地方的有效控制的前提下，另外还需制定出一套权属明晰、运作高效与运行规范的央地政府关系。中央与地方权力的划分与架构是政府间关系的关键。中央与地方政府之间的关系进行合理规范之后，下一步就是地方政府对中央政策的有效推行及具体的贯彻落实。地方政府把中央关于社会经济的发展目标变成现实即政府执行力，也就是达到了中央与地方政府的协同目标。

概而言之，中央和地方政府之间的协同关系，就是要实现如下两方面：一是中央政府与地方政府之间做到权责明晰、运行规范；二是中央政府制定的政策得到有效的推行和落实。在政策层面就是层级政府间政策分工和谐、政策目标统一和政策行为配合。跨域公共危机治理中，只有明确中央与地方的权力和责任，对跨域危机事件才能进行有效治理。地方政府有责任贯彻落实中央的决策部署，理顺上下级政府之间的关系，在跨域治理中政策分工和谐，治理目标一致，危机涉及区域的地方政府彼此相互配合，化解公共危机。

二、横向功能整合

横向协同是政府间横向关系的协调，它涉及的内容非常广泛，包含公共危机治理、环境治理和地理空间管理等。横向协同把行政行为由离散变为整合，它是公共行政的内在需求。20世纪60年代，“政府间关系”的概念由美国学者安德森率先提出。他研究政府间关系的视角是政府部门人员之间的行为及人际关系。学术界对政府间关系进行研究前期关注得比较多的是中央与地方之间的关系，进入20世纪80年代之后，学者们将研究的焦点转向横向政府之间的竞

[1] 弗朗西斯.国家构建——21世纪的国家治理与世界秩序[M].黄胜强，许铭原，译.北京：中国社会科学出版社，2007：7.

争与合作。谢庆魁教授认为，政府间的关系本质上是政府之间利益分配和权力配置的关系，具体而言就是利益关系、权力关系、行政关系及财政关系。归根结底，横向地方政府之间的竞争与合作都是围绕利益关系展开的。政府间纵向关系中更多体现出来的是一种行政命令式的等级结构，横向关系中更多体现出来的是一种竞争和协作的权力对等分割体系。“竞争”与“合作”俨然已经成为横向政府间关系的关键词汇。

横向地方政府之间加强合作共同应对跨域公共危机治理，积极协调地方政府之间的利益矛盾，是避免“公用地灾难”及“囚徒困境”的理性选择。在现实治理中，各地区所拥有的资源禀赋各异，各地区之间在跨域治理上客观需要多方的互利合作以尽可能减少危机损失，实现利益最大化。在跨域公共危机治理中，只要彼此能够进行良好有效的信息沟通，建立双边或是多边协商机制，降低危机治理成本，提高危机治理绩效是完全有可能的。在我国的治理实践当中，不乏横向政府间合作共赢的典范。中华人民共和国成立后不久，中央就划分六个经济协作区以此加强地区之间的经济协作；改革开放后，地区政府间的各类区域性的经济合作组织更是发展迅速。这种地方政府间的横向协同，不但降低了交易成本还扫除了发展障碍，不仅促进了经济发展还缓解了经济发展的不平衡。

具体而言，跨域公共危机治理中的横向部门协同可以从以下几个方面展开。

其一，成立跨部门治理的中枢机构。条块分割及碎片化的管理弊端在跨域公共危机治理中暴露无遗。为了实现跨域公共危机的整体性治理，可以效仿西方发达国家在危机治理中采取的协同治理，通过成立具有高度权威的中枢机构来对跨域公共危机事件进行决策。中枢机构将采用现代化的通信技术和网络技术作为科技支撑，集中制定跨域危机应对的策略，对跨域危机的信息进行管理，统一调度危机应急资源，从而达成部门间的协同治理。

其二，跨部门治理的目标整合。危机治理政策制定和政策执行的战略性和统一性并以结果为导向有助于提高跨域公共危机协同治理的效率。当然，对各个部门的职责及目标具有明确性是前提条件。例如，汶川大地震发生后，负责事故处理的领导小组明确了整体目标是“尽一切力量拯救伤员”，进而各个部门依据自身的职能与专业整合出子目标。在这一过程中，各部门的子目标与整体目标是协同一致的。

其三，优化跨部门治理的资源配置。在跨域公共危机中需要人力、财力和物力这些资源作为保障。但是跨域公共危机事件中仅靠单个部门的资源恐怕是远远不够的，因此，跨部门调动与配置应急资源是十分必要的。由于政府各部门所拥有的资源呈现出一定的相关性，资源整合与共享可以降低治理成本，从而实现规模效益。与此同时，政府各部门所拥有的资源也是互补的，资源整合与共享可以达到全面优化的使用。

三、内外功能协同

在跨域公共危机治理当中，无论是纵向协同还是横向协同都是发生在政府之间的政策协同，它们之间均存在着一定的行政隶属关系，相对而言容易协调行动。政府与非政府组织之间的协同即内外协同，由于二者之间并不存在紧密的行政隶属关系，加上非政府组织的名目繁多、功能各异、组织化程度较低，因此协同难度较大。西方发达国家历经多次行政改革的洗礼之后，逐渐打造了一支具有一定专业化水平和能力的社会组织工作者队伍。非政府组织在这些西方发达国家已经颇为成熟，非政府组织机构的工作人员与政府公务员同等重要，待遇及社会地位都与政府公务员相当，同属正规职业。政府与非政府组织如企业、协会与慈善机构等有着协作的良好基础，因此可有效应对并化解各种社会矛盾。2008年源自西方国家并迅速波及全球的金融危机也充分说明了完全自由化和企业化的社会治理是不可取的，有效的社会治理必须是基于公共性和私有性的，政府与非政府组织之间良好协作才能最大限度地维护社会利益均衡与社会公正。

跨域公共危机治理中，政府与非政府组织的协同需要两者之间正视存在的问题，找到解决问题的途径，使两者做到相互补充，相互促进。具体而言，需要从以下几个方面加以努力。

第一，树立政府与非政府组织间的协同意识。在跨域公共危机治理当中，作为政府的一方应该主动促成与非政府组织的危机治理协作，政府应转变执政观念。政府在公共危机治理中处于主导地位，只有政府积极转变执政的观念才能开启与非政府组织协同合作之路。首先，政府作为危机治理的决策者与指挥者掌握着大量危机事件的信息，政府是官方权威信息的来源。政府应该在第一时间向社会公布真实有效的信息，积极采取应对危机的具体方案，营造跨域公共危机协同治理的大环境。其次，政府要从战略的高度开展跨域公共危机治理工作，通过各种渠道积极整合政府的力量，与非政府组织采取行动积极协同对跨域公共危机进行治理。

作为非政府组织也要努力提高自身的专业化水平，使自己有机会参与到公共危机的治理当中。非政府组织不能过分依赖于政府，必须打造自己的管理体系，包括配备专业的人才、确定服务宗旨及完备的工作计划等。还需要建立科学的领导体系，统一的决策系统。非政府组织只有强化自身能力，不断积累资源，才能在危机事件中发挥自身基金筹集优势，以更完美的角色投入到公共危机治理当中。

第二，为非政府组织参与公共危机治理提供法律保障。法律制度具有强制性及权威性，因此，法制建设也成为危机治理中政府与非政府组织协同合作的关键环节。国外政府一般是通过签订“互助协议”或是合同来与非政府组织建立协同关系的。通过制定协议和签订合同明确公共危机治理中双方的责任和义务及工作的分工等。具体操作层面上，一是政府在制订公共危机治理的具体计划、应急策略、组织培训时，要将非政府组织纳入进来通盘考虑，以此提升非政府组织的危机治理能力；二是非政府组织要根据协议内容，将责任落实到位，在公共危机事件中提供必要的资源如人力、财力及物力的支持。例如，在公共危机事件频发的日本，政府为了保证在危机爆发时各非政府组织能够与自己协同合作，在危机爆发前就签订好灾害救援合作协议，这一措施可以有效整合危机治理的应急资源，对我国的跨域公共危机治理中的政府与非政府组织间的协同极具启发意义。

现阶段，我国应以法律形式规范政府与非政府组织在跨域公共危机治理中的权力与责任，对它们进行有效监督。要尽快促进非政府组织在公共危机治理中有法可依，明确其在危机治理中的主体地位，以法律保障非政府组织参与公共危机治理，理顺各参与主体间的权利与义务关系，确保公共危机治理工作具有法律保障。另外，还要积极鼓励并规范非政府组织参与到公共危机治理的相关法律制度的制定当中，不断完善危机治理的政策。

第三，构建政府与非政府组织间的信息共享机制。政府要将危机事件的信息及时公开，不断完善新闻发布的制度。政府应当主动提供真实有效的信息，保障民众的知情权，引导民众广泛参与，形成政府与非政府组织之间的良性互动，使民众的意见有表达的渠道，政府亦能够对社会需求积极回应。具体而言，可从以下两方面构建政府与非政府组织间的信息共享机制。一是不断完善政务公开制度，积极引导非政府组织参与到公共危机治理当中。政府通过公开公共危机事件的信息，完善危机信息管理的公开机制，以此确保危机事件信息渠道的畅通，形成政府与非政府组织之间的良性互动。政府及时公布信息可以破除谣言避免社会的恐慌和动荡。二是让资源在阳光下运行。政府应公开公共危机治理中政府与非政府组织的资源投入情况，避免救灾物资被挪用的情况。

非政府组织需要进一步提高资源整合能力，积极开展与政府的协同合作。非政府组织在保证自身基本优势的情况下，还要积极加强与政府及社会各领域的交流，不断培育信任与合作的“土壤”，进而源源不断地形成新的社会资本。另外，非政府组织要尽可能地拓宽资金筹集渠道以应对公共危机。只有非政府组织增强了资源动员能力，积累了雄厚的资本，才能以更成熟的姿态参与到公共危机治理当中，才能在一定程度上影响政府决策，形成与政府的协同。

因此，政府与非政府组织间的协同是跨域公共危机治理中的有效保障，在跨域治理中起着积极的作用。政府与非政府组织的协同合作能够有效化解公共危机，政府与非政府组织在跨域公共危机中的协同亦是将公共危机对社会造成的损害降低到最低的有效方式。

第三节 治理结构面向

本节主要从跨域公共危机治理主体结构整合、治理资源结构整合、治理组织结构整合、治理空间结构整合等维度对跨域公共危机治理结构进行整合，以建构跨域公共危机的整体性治理结构。

一、治理主体结构整合

在跨域公共危机治理中，政府已经不再是公共危机治理的唯一主体。要实现跨域公共危机治理效率的最大化及方式的最优化，需要将非营利组织、企业、公民等在内的所有主体都纳入到跨域公共危机治理当中。充分调动非营利组织、企业、公民等多元主体参与治理，承担社会自治的功能，分担政府在跨域公共危机治理中的任务，形成政府的重要补充力量。虽然政府在危机治理中属于主导地位，但是有部分细致琐碎的工作，政府可能不擅长处理，而公民社会组织就比较适合提供个性化服务，特别是在人际关系修复、心理疏通等方面尤为擅长。因此，在跨域公共危机治理当中，将政府力量和非营利组织、企业、公民等进行整合，形成一个公共危机治理主体，相互补充，相互配合，这将有利于跨域公共危机整体性治理的实现。

二、治理资源结构整合

跨域公共危机治理中的资源整合主要就是进行跨域公共危机治理的人才资源整合、跨域公共危机治理的组织资源整合、跨域公共危机治理的技术资源整合、跨域公共危机治理的信息资源整合、跨域公共危机治理的能力资源整合。

（一）跨域公共危机治理的人才资源整合

由于跨域公共危机治理中各区域所拥有的跨域公共危机治理人才缺乏，人才储备严重不足的情况较为突出。这不仅体现在高层次跨域公共危机治理人才上，还出现在中等层次跨域公共危机治理人才上。加之在某一特定区域中，所拥有的跨域公共危机治理人才严重不足或非常紧缺，分布不均衡，有的区域在某个层次上拥有的人才资源较多，在另一层次上的资源却比较少。根据跨域公共危机往往具有跨部门、跨地区、跨行业等特性，我们需要对各种层次的人才资源进行整合。既需要对高层次的跨域公共危机治理人才资源进行整合、也需要对中层次的跨域公共危机治理人才资源进行整合，还需要对低层次的跨域公共危机治理人才资源进行整合。只有充分整合好各区域各层次的人才资源，才能在跨域公共危机发生时发挥出各个与公共危机相关的人才的整体性优势。

（二）跨域公共危机治理的组织资源整合

跨域公共危机治理的组织资源整合主要做到面对跨区域、跨部门、跨行业的公共危机时，使单个的组织资源实现整合，以此共同应对跨域公共危机治理。跨域公共危机治理的组织资源在有效整合的基础上才能发挥出高于各单个组织资源之和的整体性力量，从而使组织资源在跨域公共危机治理的时候体现出更高的价值。

（三）跨域公共危机治理的技术资源整合

跨域公共危机治理的技术资源整合就是要做到跨域公共危机应急系统、跨域公共危机支持系统和跨域公共危机保障系统的整合。政府要采取措施开发跨域公共危机治理软件系统与技术的建设，同时加强跨域公共危机治理硬件设施建设。只有如此才能将跨域公共危机治理中被分布于各个区域内的技术资源充分整合起来。另外，还要加大资金投入，使跨域公共危机应急系统、跨域公共危机支持系统和跨域公共危机保障系统及其子系统的建设标准一致，各个系统与子系统的技术平衡分布，相互之间才能更好地协同与整合。

（四）跨域公共危机治理的信息资源整合

跨域公共危机治理的信息资源整合对于实现良好的危机治理起着重要基础和外在保障作用。跨域公共危机治理的信息资源整合主要做好三个方面的工作：第一，建立良好的信息支撑机制。要进一步加强跨域数据信息的收集、统计、分析等工作，建立跨域公共危机治理的数据信息系统，为多元主体共同参与跨域公共危机治理提供一个信息和数据的支撑体系。第二，建立良好的信息整合机制。对区域内涉及不同职能部门的重大信息进行整合和统一。如环保局、交通局、气象局等部门所拥有的信息要相互提供并进行统一整合。这样才有利于提高跨域公共危机治理的信息化水平。第三，建立良好的信息服务机制。对于跨域公共危机治理中的各种危机治理进展信息和动态要以门户网站或者其他对外形式向公众全面真实地提供。

三、治理组织结构整合

良好的治理组织结构能够保证治理价值的实现。通过对治理组织进行高效、明确的职责分工，能有效地达成组织的治理目标，提升组织的效率、诚信与责任等价值。跨域公共危机治理的组织结构整合应当形成一个网络治理结构，涵盖非营利组织、私人组织等。组织结构内的网络成员担负着共同的使命，提供资源并承载风险。跨域公共危机以网络化的扁平式、弹性组织结构来代替传统的机械式、僵化的官僚组织结构。跨域公共危机治理组织结构的整合，可以提高组织整体对公共危机事件的应对能力，最大限度地降低公共危机治理成本，提升公共危机治理绩效。

四、治理空间结构整合

积极对治理空间结构进行有机整合，逐步形成一体化的治理空间网络结构。主要措施是：积极发展各区域之间相互联系的系统，尽量使区域之间连接成为一个有机的整体，这样在跨域公共危机事件发生的时候，各区域之间能够很快对公共危机事件做出应对；加强区域之间的基础设施建设，改善其交通设施，提高其应对突发公共危机事件的能力，区域之间良好的基础设施建设有利于跨域公共危机事件发生地之间形成一个统一的治理空间整体；根据不同的政府规模和城市规模及它们的实力差异，调整功能分区使它们在跨域公共危机治理空间上形成紧密的关系，保持跨域公共危机治理空间结构一体化。

第四节　治理机制面向

本节主要是从协调机制、责任机制、信任机制、整合机制等对跨域公共危机治理机制进行有效整合，构建跨域公共危机的整体性治理机制。

一、协调机制

（一）整体性治理视角下的协调

目前，关于协调的内涵释义很多，在概念上尚未形成一致。《新标准英语词典》定义“协调”是创造一种和谐及互惠的关系。《柯林斯英语辞典》把“协调”释义为组织通过整合多种不同元素，达到组织的畅通运行，形成和谐的秩序。福勒认为协调是把各种不同内容的事务调整到某种关系当中，并保证这些事务之间能够有效进行。希克斯则认为协调是政府组织碎片化和棘手性难题的解决之道。希克斯对协调概念的释义也经历了几个研究阶段。在1999年出版的《圆桌中的治理——整体性政府的策略》一书中，希克斯论及整合之法，认为整合的目的是要克服碎片化问题，它是一种策略性工作（strategic work），而非新的技巧。[1]在希克斯的著作《迈向整体性治理》中，将采

[1] PERRI 6，et al.Governing in the round：strategies for holistic government[M].London：Demos，1999：24.

取的阶段划分为协调与整合两个部分。他认为协调侧重于对整体性治理政府组织应有的认知、信息和决定，同时将两个以上的分离个体进行联结，使彼此能够相互联系并朝着签订合作协议或是共同期望的方向发展，尽可能地避免过度碎片化或者是造成负面性问题。

作为整体性治理这一复杂工程定首要阶段的协调，与整合之间存在着密切关系，希克斯指出，协调整合的缺失，将引发紊乱并导致事倍功半……。协调失灵的结果最终将影响甚至破坏整个整合过程的进行。[1]

协调对政府组织关系具有较大影响。希克斯对于协调与政府组织发展的描述分别为：协调问题最初是起因于政府组织的功能协调，主要表现在虽然提供了正确的服务但是仍然低效率、没弹性并且缓慢，提供了错误的服务，人民被抛弃而没有服务[2]。协调是指包括了官署间的整体性工作、联合的信息系统和对话、共同参与计划与决策的过程。在公共管理中的协调，试图让非极端形式的制度性团结体（institutional solidarity）表达出不同的承诺与约束。

希克斯指出，整体性治理专治棘手问题，这些问题往往是选民优先关注的，因而能够跨越不同功能间的界线。在政府组织及政府组织间的层次上，问题并不是专业主义与分工……最急迫且最普遍的问题便是碎片化政府[3]。

希克斯在2004年的时候，把原来整体性治理的两个阶段发展成为三个阶段（如表5-1所示）[4]：协调、整合及逐渐紧密并相互涉入阶段。

---

❶PERRI 6，et al.Governing in the round：strategies for holistic government[M].London：Demos，1999：25.

❷PERRI 6. Holistic Government [M]. London：Demos，1997：32.

❸PERRI 6，et al.Towards holistic governance：the new reform agenda[R].New York：Palgrave Macmillan，2002：53.

❹ PERRI 6.Joined-up government in the western world in comparative perspective：a preliminary literature review and exploration[J]. Journal of public administration research and theory，2004，14（1）：108.

表5-1 从协调到紧密化发展的关系与策略类型

关系的范畴	主体间关系形态	定义
协调	纳入考虑；对话；联合性计划	考虑到策略发展对他人及他人对自身的影响，信息交换，暂时性联合计划或联合工作
整合	联合性工作；联合及共同开发；卫星化	暂时性的合作，在重要计划上，进行长期性的共同规划与工作，这一长期性规划与至少一个以上参与主体的任务有关，独立个体间创造出达成整合与共有的机制
逐渐紧密及相互的涉入	策略联盟；同盟；合并	在某些议题上，进行长期性共同计划及工作，这一长期性规划与至少一个以上参与主体的任务有关，形式性的行政统一，但仍维持明确的自主性和身份，相互溶解并创造单一主体及身份的新结构

资料来源：PERRI 6.Joined-up government in the western world in comparative perspective：a preliminary literature review and exploration[J]. Journal of public administration research and theory，2004，14（1）：108.

协调在政府组织关系层面及过程层面发挥着重要功能。从政府组织关系层面上看，协调所应对的问题是政府组织的碎片化，换一个角度来说，协调面对的也是组织理念的差异、组织文化的冲突及其他潜在的矛盾。从过程层面上看，协调关系到整合的成败，协调如果不成功那么整合也就预示着会失败。同时，协调可以使碎片化且相互分离的政府组织变得团结（from fragmentation to solidarity），以团结为基础的整合有利于政府组织间开展合作。反之，整合及逐渐紧密并相互涉入的阶段就不可能达成。

综上所述，整体性治理理论在政府组织运行的三个阶段密不可分，彼此相互联系。前一个阶段如果没有成功将会导致后一个阶段的失败结局。整体性治理的运行程序就像是在召开圆桌会议，协调所充当的角色就是将那些棘手问题、碎片化的政府组织或其相关方在排除分歧的情况下坐到圆桌旁，与此同时，为双方创造相互沟通的语言与彼此关注的公共议题，并让双方充分认识议题的重要性，开启真诚信任的沟通与对话，为下一个阶段的整合创造良机。在整合阶段主要是圆桌会议中所有参与方商讨重要议题的内容、程序，以及政府组织协调政策目标、政策手段的方式、制定与执行策略并明确各参与方的权利与义务。逐渐紧密并相互涉入阶段则侧重于如何进行长期的合作，或是下次圆桌会议及日后圆桌会议的发展方向。

（二）跨域公共危机治理中的整体性协调机制

整体性协调机制所具有的全局性、整体性、整合性无疑在跨域公共危机治理中有着更大的治理优势，归根结底它是对竞争治理主张分割式到服务递送的深刻反思。跨域公共危机治理面对的主体多元化、客体复杂化的棘手难题着实需要整体性协调机制加以解决。

跨域公共危机治理需要采用跨域治理的模式和机制，需要整体性协调机制对其进行统一协调。具体应采取如下措施：一是成立综合协调的公共危机治理机构。目前，我国缺乏常设的、独立的危机治理协调机构。在跨域公共危机治理中，临时工作领导小组对不同的地方政府和不同部门进行协调的时候总是处于非常被动的局面，无法形成有效的合力。再加上管理权限等原因，临时领导小组和应急管理办也难以承担跨域治理的重任。因此，政府应结合跨域公共危机治理的现实需要，设立常设的、独立的且高级别的综合协调机构，加强跨域公共危机治理中的整合协调机制，提升政府跨域危机治理的整体能力。二是通过签订跨域合作协议，积极探索跨域的危机治理模式。例如，2008年，广东和香港就签署了《粤港应急管理合作协议》。此份合作协议的合作协调机制主要表现在：成立粤港应急专责小组，专门部门与人员负责合作联络，以及开展专项工作等。[1]

二、责任机制

（一）整体性治理视角下的责任

较早对责任进行系统研究的是海德。他在《人际关系心理学》一书中对责任问题进行了详细的分类梳理。随后，马克思、苏格拉底等人也相继对责任进

[1] 马奔.危机管理中跨界治理的检视与改革之道：以汶川大地震为例[J].清华大学学报，2009（3）.

行了界定。事实上，责任是一个内涵非常宽泛的概念，也是法学、管理学、伦理学、经济学等各门学科的共同研究的对象。《牛津法律大辞典》对责任的定义更倾向于从个人行为视角来对责任进行阐释与陈述。Richar提出“责任”的基本特征[1]：首先责任具有外在的特征，因为承担责任的个体或组织会对除自身以外的个体或组织负责。其次，这种责任具有社会互动和交换的内涵，一方面，它寻求责任问题所在，并主动寻找答案和进行修正；另一方面，自身包含了责任感、反应和接受制裁的意思。最后，责任一词还涵盖了权威权利之意在其中。它主张赋予责任主体超级权威和权利，包括要求回应和实施制裁的权利等。Jones认为，“正如所有人一致赞同的，责任本身就包括了某人就自身行为必须向某权威负责的含义”[2]。Sinclair对政府的一般责任进行了分类，包含：政治责任、管理责任、公共责任、职业责任及个人责任，此外，这五类责任又可通过结构和个人两个维度进行理解。[3]

希克斯认为责任是整体性治理中最为关键的因素。整体性治理对结果的重视，将公共管理中所强调的整体性和简单的协同区别开来，并重点强调一种独特的责任形式和对责任的关注[4]。希克斯认为，从政府层面上看责任是包含多层含义的活动[5]：首先，一些确定的个体或群体必须对行政运行体系负责，并且这一责任应该相应于其实际的运用所赋予的治理工具行事的支配和权限范围；其次，它要求行政性管理者和官员保留记录并适时或定期进行述职，提交有关其行政过程中权力、资源和技能运用的报告或描述并对其运用做适当的解

[1] RICHAR M. Accountablility：an every-expanding concept[J]. Public administration，2000，1（3）：555.

[2] JONES R. The development of conceptual frameworks of accounting for the public sector[J].Financial accountability & management. 1992，（4）：249-264.

[3] SINCLAIR A.The chameleon of accountability：forms and discourses，accounting[J].Organizations and society，1995，2（3）：219-237.

[4] PERRI 6，et al.Towards holistic governance：the new reform agenda[R]. New York：Palgrave Macmillan，2000：168.

[5] PERRI 6，et al.Towards holistic governance：the new reform agenda[R]. New York：Palgrave Macmillan：168.

释和证明；再次，责任要求有制度化的评估体系；最后，责任还包括根据优劣好坏评判实际奖罚权的运用。同时，希克斯建构出“整体性治理的问责策略”框架，如表5-2所示。

表5-2 整体性治理的问责策略

	确认负责的人员	决定责任的部分	正确的评价责任的部分	鼓励与奖赏
理解（understanding）				
情报（intelligence）				
优先性（priorities）				
影响（influencing）				
合作（collaboration）				
政府组织内部的设计（interorgannisational desgin）				
制度化（institutionalism）				
评估（appraisal）				

资料来源：PERRI 6，et al.Towards Holistic Governance：the New Reform Agenda[R]. New York：Palgrave Macmillan，2002：178.

希克斯认为，整体性责任不再只是功能性上的划分，而是整体论的角度，来分析责任对象与关系，并延续新公共管理着重于绩效结果的部分；并认为责任系统的设计应该是以增进协调为目的来规划的。[1]

（二）跨域公共危机治理中的整体性责任机制

在具体的实践当中，跨域公共危机治理的整体性责任机制主要从以下几方面进行建构。

（1）跨域公共危机治理中的政治责任。首先，在跨域公共危机治理中，地方政府需主动承担贯彻党的各项方针和政策的政治责任，从而促使地方政府真正成为跨域公共危机治理中为民众谋利益、促进整个跨域公共危机事件向公平

[1] PERRI 6.Joined-up government in the western world in comparative perspective：a preliminary literature review and exploration[J].Journal of public administration research and theory，2004，14（1）：103-138.

正义方向发展的实体。其次，在跨域公共危机治理中，地方政府需通过实施各项应急措施和执行管理措施以确保社会有序运行，维护社会公共安全的责任，确保跨域公共危机治理中民众生命安全、财产安全、社会稳定。再次，当突发性跨域公共危机出现时，人的生存权利、发展权力受到一定程度的威胁时，地方政府需采取积极应对措施以恢复和保护人权，维护生存权与发展权等人权的责任。最后，塑造和维护跨域公共危机治理中政府公信力的责任。

（2）跨域公共危机治理的管理责任。在跨域公共危机治理中，政府的管理责任主要是指政府在跨域公共危机爆发前的预警和预防阶段、跨域公共危机爆发时的治理阶段、跨域公共危机爆发后的恢复和评估阶段，通过对相关危机预防资源的储备、供给、分配、处理、审计等程序，人力、财力、物力达到合理和有效配置。具体而言，主要从以下几个方面着手。

第一，跨域公共危机预警和预防阶段的管理责任机制。跨域公共危机的爆发具有突发性，但却是可以进行一定防范的。在跨域公共危机爆发之前承担起切实的预警与防范责任具有重要的意义，相应的整体性责任机制主要包括以下方面。首先，加强跨域公共危机治理的立法。跨域公共危机涉及多元主体的治理，政府需要从法律的层面为跨域公共危机治理奠定坚固的制度基础，以法律条文形式明确不同治理主体在跨域公共危机治理中的权利和职责。还要明确危机治理中主体应当遵循的治理原则，以及没有按照规定履行治理职责时需要承担的责任，这样才能使跨域公共危机治理有效进行。因此，积极探索如何建立跨域性的公共危机治理的相关法律和法规，明确主体责任是非常有必要的。其次，加强宣传，培育公民的危机意识。不仅需要加强政府部门工作人员的危机意识，还要对全民进行危机意识的教育。危机意识的培育可以有效应对公共危机，增强危机承受能力与应变能力。因此，这就要求政府加大宣传力度，将各种危机的危害及防范措施普及到全民，同时适当组织危机演练，增强公民的危机意识，使危机文化得到普及。最后，建立跨域的预警机制。一是构建公共危机监测与预警系统的跨域联网。及时发现并报告危机事件是政府对公共危机进行有效治理的关键因素。跨域联网能使政府对公共危机的风险与征兆进行实时监测并在公共危机爆发的区域内互通信息。二是建立跨域危机预报制度。某地方发现危机的征兆或者危机刚爆发的时候及时向周边区域进行通报。根据危机信号的指标进行判断，作为跨域公共危机的预报依据。

第二，跨域公共危机治理阶段的管理责任机制。跨域公共危机治理过程中，政府负有组织救援和协调关系的责任。首先，在紧急救援方面。危机对人民的生命财产有着巨大的威胁。危机发生时，政府要不惜一切代价以保护人民生命财产为重，动员一切可动用的力量展开救助和自救。政府对每一位公民都承担着责任，在危机面前，无论权力大小、贫富悬殊和职位高低，每个公民的生命都是一样珍贵的，政府都有责任救助。其次，在危机信息公开方面。危机事件的突然爆发，特别是跨域公共危机事件的爆发，会使由于民众对其没有思想准备，而产生猜测和恐惧，加之谣言四起导致人心惶恐不安。这种局面对于政府开展公共危机治理十分不利，还有可能会引发更大的公共危机。因此，公共危机爆发区域内的各地方政府要及时公布真实有效的危机信息，让民众对危机发展的态势有清楚的认识。最后，在协调关系方面。政府在公共危机治理中占据核心位置，同时也承担主要责任。政府要负责协调不同治理主体之间关系，防止在公共危机爆发时发生相互推诿扯皮或是产生矛盾冲突，尽可能使各危机治理的主体都承担起自己的责任，充分发挥社会力量，凝心聚力化解跨域公共危机。

第三，跨域公共危机恢复和评估阶段的管理责任机制。跨域公共危机恢复评估阶段的主要工作是恢复和重建并进行评估和总结经验。首先，在恢复和重建方面。危机事态得到控制后，政府工作的重心应该调整到恢复和重建上来，积极消除危机造成的消极后果。政府应成立区域性的危机善后管理机构，制订重建计划和实施方案。还要给予必要的经济援助，帮助受危机侵害的人民群众尽快恢复生产生活。另外，还应注重对灾区的群众进行心理干预治疗，抚平他们的心理创伤，帮助他们走出阴影。其次，启动问责机制。跨域公共危机治理中的政府责任，除了积极责任，还有消极责任。追究相关人员在公共危机治理中造成不良后果的责任，也是政府负责任的一种表现。公共危机事件的问责，不仅要追究危机事件的直接或间接责任者，还要追究玩忽职守和临阵脱逃的人员责任。问责制的建立可以有效监督政府工作人员，提高他们的责任意识，从而不断提高公务员的危机治理意识、治理能力与治理水平。最后，对危机治理过程进行评估。评估不但可以总结经验还能提高政府的学习能力。正确评估危机事件带来的损失才能制订出有针对性的扶持计划。对跨域公共危机涉及的地方政府治理危机所运用的人、财、物等有形资源及政府公信力、形象等无形资源进行综合评估，不仅能为政府危机治理提供参考还能被其他区域的地方政府学习借鉴。

第四，跨域公共危机治理中的法律责任。跨域公共危机治理中的一般法律责任表现在行政赔偿责任或者国家赔偿责任，其责任形式更多是以赔偿体现出来。因此，需要通过制定统一的法律、法规来确保跨域公共危机治理中的一致性。

三、信任机制

（一）整体性治理视角下的信任

关于信任，不同的学科对其定义不同。经济学家、社会学家和心理学家纷纷从自身学科的角度对信任进行了阐述。从经济学的角度，Arrow认为，信任是经济交换的润滑剂，是控制契约最有效的机制，是含蓄的契约，是不容易买到的独特商品。[1]随后，研究者们对这一论述进行了进一步的分析，指出："世界极其复杂，不能控制，以致在任何给定的时间，我们都能自由地选择完全不同的行动。然而，我们必须在此时、此地行动。我们只有很少时间去观察和有意识地适应别人的所作所为。"[2]社会学家Coleman认为信任是一种重要的社会

[1] ARROW K J. The limits of organizations[M].New York：W W Norton，1974.

[2] LUHMANN N. Trust and power [M]. Chicheser：John Wiley& Sons Ltd，1979：23.

资本，是个体对信任风险和收益进行权衡以后的理性决策行为。[1]从风险的研究角度，“在信任互动过程中，当一方表现出信任倾向时，对方是否做出回应性行为取决于对方的个人意愿，任何个体都不能控制或强迫自己认为是可信的合作伙伴满足期望。”[2]从心理学的角度，库特等认为“信任存在于一方对另一方诚实、可靠性和行动的正直（integrity）怀有信心之时”[3]。

希克斯认为政府组织是否良好运行绝大程度上取决于信任，信任的建立是整体主义和整体性治理的应有之意[4]。在他看来，信任是一种代理关系，在这一条件中，委托人将其自身或其利益置于某种风险之上，这是因为理性的代理人会由于委托人所提供的激励而按照规则行事，当委托人就预期结果和获利而将事务委托给代理人时，信任关系由此形成。[5]随后，希克斯还对信任进行了分类[6]，并指出整体性治理的信任机制需要通过以下方面得以实现：其一是“建立相互理解和相互信任的人际关系”[7]，“管理者确立‘每个个体都是好样的’理念”[8]；其二是树立新的“领导人和英雄”（creating new leaders and he-

[1] COLEMAN S. Foundations of social theory [M]. Cambridge，MA：Harvard University Press，1990：133.

[2] MAYER R C，DAVIS J H，SCHOORMAN F D. An integrative model of organizational trust [J]. Academy of management review，1995，20：709-734.

[3] COOTE L，FORREST E J，TAM T W. An investigation into commitment in non-western industrial marketing relationships[J]. Industrial marketing management，2003，32（7）：595-604.

[4] PERRI 6，et al. Towards holistic governance：the new reform agenda[R]. New York：Palgrave Macmillan，2002：118.

[5] PERRI 6，et al. Towards holistic governance：the new reform agenda[R]. New York：Palgrave Macmillan，2002：118.

[6] PERRI 6，et al. Towards holistic governance：the new reform agenda[R]. New York：Palgrave Macmillan，2002：120.

[7] PERRI 6，et al. Towards holistic governance：the new reform agenda[R]. New York：Palgrave Macmillan，2002：137.

[8] PERRI 6，et al. Towards holistic governance：the new reform agenda[R]. New York：Palgrave Macmillan，2002：137.

roes)；[1]其三是建立人际承诺[2]。

（二）跨域公共危机治理中的整体性信任机制

在跨域公共危机治理中，信任度越高，合作治理的可能性也就更大，两者呈正相关的关系。对于跨域公共危机的整体性治理而言，构建政府之间的信任关系显得非常重要。具体而言，跨域公共危机治理中的整体性信任机制可以从以下几方面着手：一是建立地方政府的信任契约管理。所谓的契约型信任，是去除了非理性一面，保留非人格化特征。信任关系在契约的保障之下，产生的是工具性的合作行为。二是加强地方政府之间的信任度。信任亦是一种道德资本，信任会带来更多的资源。跨域公共危机的治理需要地方政府之间相互信任，尽可能地挖掘地方各方面的资源投入到危机治理。因此，加强各地方政府之间的信任建设尤为重要。三是构建信任评价体系。跨域公共危机治理中，相互合作的地方政府之间自然会对彼此是否合作及进行何种程度的合作作出判断，以此决定其合作的态度。信任评价体系的建立，有利于政府之间进行长期合作。四是确立“每个个体都是好样的”理念，建立相互理解、相互信任的地方政府间关系及人际关系。在跨域公共危机治理中，需要各地方政府之间的通力协作，通力协作的实现是建立在确立“每个个体都是好样的”理念与良好的地方政府间关系及人际关系基础上的，若缺少良好的地方政府间关系及人际关系，地方政府间的合作也不会太持久。五是树立新的“领导人和英雄”。在跨域公共危机治理中，由于涉及区域内多个地方政府的根本利益，这些根本利益的保护和实现需要调动各地方政府的积极性，而积极性的提升需要起“领头羊”作用的某一地方政府的推动，这一“领头羊”作用的某一地方政府就是新的“领导人和英雄”。六是建立地方政府间的人际承诺。在跨域公共危机治理中，地方政府间的人际承诺是不可或缺的，只有建立地方政府间的人际承诺，

[1] PERRI 6，et al.Towards holistic governance：the new reform agenda[R]. New York：Palgrave Macmillan，2002：137.

[2] PERRI 6，et al.Towards holistic governance：the new reform agenda[R]. New York：Palgrave Macmillan，2002：137.

才能不断提升各地方政府间的信任度，增强各地方政府的契约精神，实现跨域公共危机整体性治理。

四、整合机制

作为整体性治理理论中一个重要研究内容的整合是针对“碎片化”问题而提出的，是对新公共管理导致的棘手性难题的一种回应。从组织架构上看整合包含着“治理层级的整合、治理功能的整合和公私部门的整合”[1]，其中，治理层级的整合是指不同层级或同一层级的整合；治理功能的整合是指同一部门内的不同功能和不同功能机构之间的整合；公私部门的整合则是指公共部门、私营部门和非营利性机构之间的合作。[2]而整合所关注的，便是形成共同的结构与专业业务的合并，及之后的实际执行行动[3]。希克斯认为整体性政府的项目整合主要有四个步骤，它们依次是合作、整合、行动与评估。以此为基础，希克斯进一步提出了整合的联合性、开发性、辅助性、策略性、同盟性和合并性六个部分。通过整合上述策略，公私部门和志愿部门等组织体系结合起来，跨越组织的边界达到共同合作，彼此形成一致性的目标。

在跨域公共危机治理中，需要依据整体性治理理论，从组织结构上对跨域公共危机治理结构进行整合，构建网络化的治理结构；从治理功能上对跨域公共危机中纵向和横向的相关、相近或重叠的功能和业务进行整合，实现整体性功能；从公私部门上对参与跨域公共危机治理的公共部门、私营部门和非营利性机构进行整合，使公共部门、私营部门和非营利性机构之间建立伙伴关系，跨越公共危机的边界达成通力合作，实现跨域公共危机整体性治理。

---

❶PERRI 6，et al.Towards holistic governance：the new reform agenda[R]. New York：Palgrave macmillan，2002：29.

❷PERRI 6，et al.Towards holistic governance：the new reform agenda[R]. New York：Palgrave macmillan，2002：29.

❸PERRI 6.Joined-up government in the western world in comparative perspective：a preliminary literature review and exploration[J].Journal of public administration research and theory，2004，14（1）.

第五节 治理技术面向

整体性治理对信息技术的要求是其与新公共管理治理方式和运作方式的重要区别。20世纪90年代，信息技术的兴起使得新公共管理原来采用的一些治理方式被终止或者是放弃。登力维更是断言新公共管理已然成为历史。他认为，数字时代的治理核心在于强调服务的重新整合，整体的、协同的决策方式及电子行政运作广泛的数字化。[1]信息技术的目标是由分散到集中，由部分到整体。因此，信息技术对于整体性治理在西方各国的实践运用中所发挥的力量是不容小视的。

所谓信息技术就是以计算机技术、现代通信技术及网络互联技术为基本元素，通过运用一定的理论及方法进行加工和处理，产生具有针对性的数据信息以提供统一的信息服务。例如，管理信息与决策支持系统都属于信息技术的范畴。

一、管理信息系统整合

跨域公共危机的管理信息系统是指以提高公共危机治理效率为目标，以公共危机治理管理人员为主导，通过计算机软硬件及其他网络通信设备等对信息进行收集、加工和传输，用以支持公共危机治理中的高层决策及基层运作的人机系统。作为一门新兴的学科，跨域公共危机的管理信息系统主要任务是充分发挥计算机和网络技术的优势，加强对公共危机的信息管理，通过对公共危机发生区域的人、财、物等资源调查分析进而建立正确数据，然后对这些数据进行加工后编制成各类信息资料，以最快的速度提供给危机治理的管理人员，以帮助他们做出正确的危机治理决策。目前，公共危机治理中对计算机

[1] PATRICK D. Digital era governance：IT corporations，the state，and e-government[M]. New York：Oxford University Press，2006：233.

网络的运用已成为政府进行技术改造及提高政府公共危机治理水平的重要手段。完善的跨域公共危机的管理信息系统有四个标准，分别是：确定的公共危机信息需求、公共危机信息管理、公共危机信息的采集与加工及通过一定程序为公共危机管理人员提供信息。高度集中是跨域公共危机管理信息系统的最大优点，管理信息系统能将相关的数据与信息集中并快速进行处理，统一使用。跨域公共危机信息管理系统可以将各区域内的管理联结起来，还能克服地域的界限，将分散于各个地区的计算机网互联，从而形成跨域的管理信息系统。

二、决策支持系统整合

美国的Michael S.Scott Marton率先提出“决策支持系统”概念。他认为，决策支持系统就是在人与计算机交互的过程中，能够帮助决策者摸索出可能的方案，并为管理者提供做出决策所需要的信息的决策支持系统。跨域公共危机的决策支持系统通过运用数据和模型等方式来实现人机对接，通过人机交互的方式帮助决策者进行决策，也是计算机系统应用的一种方式。它能够就分析问题的选择路径为治理跨域公共危机的决策者提供帮助，为决策者建立分析模型并对决策的环境、方案及决策过程进行模拟，同时，还能够自动获取与治理问题相关的各类信息和工具，从而提高决策者在公关危机治理中的决策水平。决策支持系统主要包含四个基础部分：数据部分、模型部分、推理部分及人机交互部分。数据部分即数据库系统，模型部分则是指模型库及其管理机构，推理部分包含了知识库和推理程序及管理机构，人机交互部分则是指人机交流的界面和决策支持系统，它接收处理用户的请求，并利用系统软件为用户提供决策，以得到提高决策效率的结果。

当前，我国的跨域公共危机治理呈现出碎片化的特征，治理手段单一且具有刚性特质。在碎片化的跨域公共危机治理模式下，政府信息资源由不同的部门负责其产生、利用、加工、存储的实施，相同的信息传递到不同的部门后都要进行再存储、加工和管理，这就造成了很多重复性的劳动。另外，在政府信息化进程中，不同政府部门的信息系统的设置可能不同，由于各部门信息系统数据标准不同，所以在信息共享方面会有障碍。各部门都注重自己“系统”的信息化建设，注重与本部门相关的信息采集与保护。而互不相通信息系统存在于各部门之间，数据库无法衔接，导致信息割据、分散管理的局面，从而形成了 “信息孤岛”。跨域公共危机的复杂性要求其在治理机制方面依托协调机制、责任机制和整合机制等，治理技术层面应采取管理信息与决策支持系统的整合，唯有如此才能有效治理跨域的公共危机。整体性治理是一项复杂的系统工程，它涉及职能重组、理念转变、利益调整和技术支持等多个方面。其中，信息技术的发展对整体性治理的推动具有重要作用。管理信息与决策支持系统的整合能够有效解决政府在跨域公共危机治理中的碎片化问题。跨域公共危机治理需要信息技术的充分整合，无论在跨域公共危机的预警阶段及跨域公共危机治理阶段，还是跨域公共危机后的重建阶段，都有赖于全面、准确和及时的管理信息与决策支持系统的整合。跨域公共危机治理中的管理信息与决策支持系统整合要做到如下三个方面：一是继续积极发展现代的信息技术，将信息技术发展的最新研究成果运用到跨域公共危机治理当中，不断完善跨域公共危机信息的管理系统与决策支持系统；二是大力加强电子政务的信息建设，善于将不同纵向层级与横向部门的电子政务网站整合到一起，成立一个统一的跨域公共危机治理信息中心，使各政府所掌握的公共危机信息资源得到共享；三是全面提高公共危机管理者的信息化水平。

管理信息与决策支持系统整合，将会打破跨域公共危机治理中信息资源的“孤岛”状态，坚持以社会、公众的需求作为行动导向，运用科学的信息管理方法，实现跨域公共危机治理中信息资源的共享与开发效率的最优化，从而达到整个政府信息过程的系统化和规范化。

结论与展望

人类社会进入后工业时代，科学技术的迅猛发展使整个世界仿佛变成了一个“地球村”。在这个时代爆发出来的公共危机具有明显的“蝴蝶效应”。[1]因此，如今的公共危机与以往发生的公共危机相比较而言，更具破坏力、突发性和跨域性。而跨域公共危机治理则是关乎国家政权稳定和社会和谐发展的重要议题。跨域公共危机治理是跨地区、跨部门、跨层级的危机治理，同时，它也考验着横向政府部门之间及纵向上下级政府之间的合作成效。跨域公共危机治理的效率和效果是政府治理水平的直接体现，也是提升政府公信力的最佳途径。任何一个国家的政府都要经历并正视危机的治理，有效化解跨域公共危机是政府首当其冲的责任和必备的行政能力。

本书针对跨域公共危机治理中的碎片化问题，深入分析了问题产生的根源，构建了跨域公共危机整体性治理路径。（1）在治理理念面向方面，通过寻求跨域公共危机治理中的价值诉求，进而达到跨域公共危机治理中多元价值和文化的整合。（2）在治理功能面向方面，要实现政策协同。本书主要是从中观层面探讨政策协同的相关问题。认为公共危机治理中的跨域合作在实践中要达成多种形式的协同：第一种是“纵向协同”即上下级政府之间的协同；第二种是“横向协同”即同级政府之间的或是同一政府但是属于不同职能部门之间的协同；第三种是“内外协同”即政府和非政府组织之间的协同。（3）在治理结构面向上，提出要进行主体结构的整合、资源结构的整合、组织结构的整合和空间结构的整合。（4）在治理机制面向上，主要是建构整体性协调机制、责任

[1] “蝴蝶效应”是由美国气象学家罗伦兹20世纪60年代初提出的。罗伦兹通过研究认为，某地上空一只小小的蝴蝶扇动翅膀而扰动了空气，可能导致遥远的彼地发生一场暴风雨。这里的“蝴蝶效应”旨在说明众多交叉的合作机制可以使局部的公共危机转变为整体性的公共危机。

机制、信任机制和整合机制。（5）在从治理技术面向上，提出对管理信息系统和决策支持系统进行整合。

跨域公共危机治理研究其实是一项复杂的跨学科研究，需要以重大现实问题作为研究导向，打破传统的学科壁垒，从多学科的视角进行分析，进而开展跨学科的研究。本书研究伊始是非常希望能够对“跨域公共危机整体性治理”这一论题做出尽可能翔实且颇具新意的阐释的，然而，写作至此也深知这一初衷最终还是会落空。其实，在写作过程中即已感觉到诸多方面存有瑕疵和不足。其一，跨域公共危机治理作为社会转型时期较独特的危机治理，其研究涉及众多的学科领域，如政治学、管理学、经济学和法学等。由于笔者能力所限，分析得还不是很深刻。其二，本书在研究中虽然涉及了一些跨域公共危机的“样本”并尝试对其进行分析，但是本书在实证研究方面还需进一步深化。以上不足，也将成为笔者今后研究的动力和方向。

总之，跨域公共危机治理是一项任重道远的系统工程。如何整合跨部门、跨层级、跨地区的公共危机治理资源，实现跨域公共危机的成功治理，是摆在我们面前的现实问题。本书以西方管理学前沿理论整体性治理作为理论工具，通过对跨域公共危机治理的问题进行分析，挖掘问题产生的根源，提出了具体的建构路径。以此抛砖引玉，希望为跨域公共危机治理的主体尤其是地方政府提供些许理论参考。

参考文献

中文文献

（一）专著

阿尔蒙德.比较政治学：体系、过程和政策 [M].曹沛霖，译.上海：上海译文出版社，1987.

阿格拉诺夫，麦圭尔.协作性公共管理：地方政府新战略 [M].李玲玲，鄞益奋，译.北京：北京大学出版社，2007.

阿克塞尔罗德.对策中的制胜之道：合作的进化 [M].吴坚忠，译.上海：上海人民出版社，1996.

奥尔森.集体行动的逻辑仁[M].陈郁，等，译.上海：上海人民出版社，1995.

奥斯本，盖布勒.改革政府：企业精神如何改革着公营部门[M].上海：上海译文出版社，1996.

奥斯特罗姆，等.美国地方政府[M].井敏，译.北京：北京大学出版社，2004.

奥斯特罗姆，菲尼，皮希特.制度分析与发展的反思——问题与抉择[M].王诚，等，译.北京：商务印书馆，1992.

奥斯特罗姆，施罗德，温.制度激励与可持续发展：基础设施政策透视[M].上海：上海三联书店，2000.

奥斯特罗姆.公共事物的治理之道[M].余迅达，陈旭东，译.上海：上海三联书店，2000.

巴顿.组织危机管理[M].北京：清华大学出版社，2002.

鲍曼，迪尔.组织重构：艺术、选择及领导 [M].桑强，等，译.北京：高等教育出版社，2005.

鲍勇剑，陈百助.危机管理——当最坏的情况发生时[M].上海：复旦大学出版社，2003.

北京太平洋国际战略研究所.应对危机：美国国家安全决策机制[M].北京：时事出版社，2001.

贝克.世界风险社会[M].吴英姿，等，译.南京：南京大学出版社，2004.

彼德斯.官僚政治[M].聂露，李姿姿，译.北京：中国人民大学出版社，2006.

宾厄姆.美国地方政府的管理：实践中的公共行政[M].九州，译.北京：北京大学出版社，1997.

波谱诺.社会学[M].李强，译.北京：中国人民大学出版社，1999.

博克斯贝尔，克里门塔.全球化的十大谎言[M].胡善君，许建东，译.北京：新华出版社，2000.

布利克，等.协作型竞争[M].林燕，译.北京：中国大百科全书出版社，1998.

蔡志强.社会危机治理[M].上海：上海人民出版社，2006.

蔡志强.危机治理与社会和谐[M].长沙：湖南人民出版社，2007.

陈福今，唐铁汉.公共危机管理[M].北京：人民出版社，2006.

达尔道夫.现代社会冲突[M].林荣远，译.北京：中国社会科学出版社，2000 .

道格拉斯.越轨社会学概论[M].张宁，朱欣民，译.石家庄：河北人民出版社，1987.

德赖泽克.地球政治学：环境话语[M].蔺雪春，等，译.北京：华东大学出版社，2008.

德罗尔.逆境中的政策制定[M].王满传，等，译.上海：上海远东出版社，1996.

登哈特.公共组织理论[M].5版.扶松茂，丁力，译.北京：中国人民大学出版社，2011.

登哈特.新公共服务——服务，而不是掌舵[M].丁煌，译.北京：中国人民大学出版社，2005.

迪克西特.经济政策的制定：交易成本政治学的视角 [M].北京：中国人民大学出版社，2004.

董传仪.危机管理学[M].北京：中国传媒大学出版社，2007.

董礼胜，等.中国公共物品供给[M].北京：中国社会出版社，2007.

杜尚哲，等.战略联盟[M].李东红，译.北京：中国人民大学出版社，2006.

法约尔.工业管理与一般原理 [M].迟力耕，张璇，译.北京：中国社会科学出版社，1982.

房宁，负杰.突发事件中的公共管理[M].北京：中国社会科学出版社，2005.

菲克.危机管理[M].北京：中国台北经济与生活出版事业公司，1987.

芬克.危机管理——为不可预见的危机做计划[M].北京：中国石油出版社，1995.

冯惠玲.公共危机启示录[M].北京：中国人民大学出版社，2003.

弗鲁博顿，芮切特.新制度经济学：一个交易费用分析范式[M].上海：上海人民出版社，2006.

福山.大断裂：人类本性与社会秩序的重建[M].北京：中国社会科学出版社，2002.

福山.信任——社会道德与繁荣的创造[M].李宛蓉，译.呼和浩特：远方出版社，1998.

高厚满.外国军警处置突发事件选评[M].北京：解放军出版社，1992.

戈德史密斯，埃格斯.网络化治理：公共部门的新形态[M].孙迎春，译.北京：北京大学出版社，2005.

格拉伯.沟通的力量——公共组织信息管理 [M].上海：复旦大学出版社，2007.

龚维宾.公共危机管理[M].北京．新华出版社，2004.

古斯丁.危机管理[M].陈松，译.北京：中国人民大学出版社，2004.

顾严，杨宜勇.2005—2006：中国收入分配问题与展望[M].北京：社会科学文献出版社，2005.

郭济.政府应急管理事务[M].北京：中共中央党校出版社，2004.

国际劳工局.2000 年世界劳动报告[M].北京：中国劳动社会保障出版社，2001.

哈贝马斯.哈贝马斯精粹[M].曹卫东，译.南京：南京大学出版社，2004.

哈肯.协同学：大自然构成的奥秘 [M].戴鸣钟，译.上海：上海科学普及出版社，1988.

哈耶克.致命的自负 [M].冯克利，译.北京：中国社会科学出版社，2000.

何海燕，张晓甦.危机管理概论[M].北京：首都经济贸易大学出版社，2006.

亨利.公共行政与公共事务[M].北京：中国人民大学出版社，2002.

亨廷顿.变革社会中的政治秩序[M].王冠华，等，译.北京：生活·读书·新知三联书店有限公司，1989.

胡鞍钢，胡联合.转型与稳定——中国如何长治久安[M].北京：人民出版社，2005.

胡百精.中国危机管理报告[M].广州：南方日报出版社，2006.

胡宁生.中国政府形象战略[M].北京：中共中央党校出版社，1998.

黄顺康.公共危机管理与危机法制研究[M].北京：北京中国检察出版社，2006.

吉登斯.第三条道路——社会民主主义的复兴[M].郑戈，译.北京：北京大学出版社，2000.

吉登斯.失控的世界[M].南昌：江西人民出版社，2001.

吉尔兹.地方性知识——阐释人类学论文集 [M].王海龙，张家，译.北京：中央编译出版社，2000.

贾康，刘尚希.公共财政与公共危机[M].北京：中国财政出版社，2004.

卡蓝默.破碎的民主——试论治理的革命[M].高凌瀚，译.北京：生活·读书·新知三联书店有限公司，2005.

卡斯特.网络社会的崛起[M].夏铸九，译.北京：社会科学文献出版社，2006.

凯利.决策中的博弈论[M].北京：北京大学出版社，2007.

考特尼，等.不确定性管理[M].北京新华信商业风险管理有限公司，译.北京：中国人民大学出版社，2000.

KETT D F.有效政府——全球公共管理革命[M].张怡，译.上海：上海交通大学出版社，2005.

柯武刚，史曼飞.制度经济学：社会秩序与公共政策 [M].北京：商务印书馆，2000.

科尔.污染与财产权：环境保护的所有权制度比较研究 [M].北京：北京大学出版社，2009.

克罗齐埃.科层现象[M].刘汉全，译.上海：上海人民出版社，2002.

库珀.二十一世纪的公共行政：挑战与改革 [M].王巧玲，李文钊，译.北京：中国人民大学出版社，2006.

黎民.公共管理学[M].北京：高等教育出版社，2003.

黎明.中国的危机[M].北京：改革出版社，1998.

李培林，陈金光，李炜.2007年：中国社会形势分析与预测[M].北京：社会科学文献出版社，2006.

李希光.公共形象与危机管理[M].上海：复旦大学出版社，2005.

里德.结构调整、环境与可持续发展[M].北京：中国环境科学出版社，1998.

里杰斯特.危机公关[M].上海：复旦大学出版社，1995.

林登.无缝隙政府——公共部门再造指南 [M].汪大海，译.北京：中国人民大学出版社，2002.

刘易斯.经济增长理论 [M].上海：商务印书馆，1999.

陆学艺.调整社会结构——构建社会主义和谐社会[M].北京：社会科学文献出版社会，2005.

罗伯特.案例研究：设计与方法 [M].周海涛，李永贤，李虔，译.重庆：重庆大学出版社，2004.

罗森布鲁姆，克拉夫丘克.公共行政学：管理、政治和法律的途径[M].北京：中国人民大学出版社，2002.

洛克.政府论[M].叶启芳，译.北京：商务印书馆，1982.

马海涛.公共财政学[M].北京：中国审计出版社，2000.

马克思.资本论：第一卷 [M].北京：人民出版社，1975.

马小军.国家与政府的危机管理[M].南昌：江西人民出版社，2003.

麦金尼斯.多中心体制与地方公共经济[M].毛寿龙，译.上海：上海三联出版社，2000.

米勒，波格丹诺.布莱克维尔政治学百科全书 [M].邓正来，译.北京：中国政法大学出版社，1992.

米勒.管理困境——科层的政治经济学 [M].王勇，等，译.上海：上海三联书店，2003.

米特诺夫，阿纳戈诺斯.危机!!! 防范与对策[M].燕清联合传媒管理咨询中心，译.北京：电子工业出版社，2004.

奈，唐纳胡.全球化世界的治理[M].王勇，译.北京：世界知识出版社，2003.

尼斯坎南.官僚制与公共经济学[M].王浦劬，等，译.北京：中国青年出版社，2004.

诺思，张五常.制度变革的经验研究 [M].北京：经济科学出版社，2003.

诺思.制度、制度变迁与经济绩效 [M].上海：上海三联书店，1994.

彭澎.政府角色论[M].北京：中国社会科学文献出版社，2002.

普拉诺.政治学分析辞典[M].胡杰，译.北京：中国社会科学出版社，1986.

钱德勒.信息改变了美国：驱动国家转型的力量 [M].万岩，译.上海：上海远东出版社，2008.

乔耀章.政府理论[M].苏州：苏州大学出版社，2000.

秦启文.突发事件的管理与应对[M].北京：新华出版社，2004.

青连斌.党政领导干部对 2006—2007 年中国社会形势的基本看法[M].北京：中国社会科学文献出版，2006.

萨巴蒂尔.政策过程理论[M].北京： 生活·读书·新知三联书店有限公司，2004.

萨缪尔森，诺德豪斯.经济学 [M].14 版.北京：北京经济学院出版社，1990.

桑林，等.瘟疫：文明的代价[M].广州：广东经济出版社，2003.

桑玉成.利益分化的政治时代[M].北京：学林出版社，2002.

施拉姆.大众传播媒介与社会发展[M].金燕宁，等，译.北京：华夏出版社，1990.

世界银行，2020年的中国编写组，世界银行中国代表处.2020年的中国：新世纪的发展挑战[M].北京：中国财政经济出版社，1997.

斯蒂尔曼.公共行政学[M].北京：中国社会科学出版社，1988.

斯蒂芬，范埃弗拉.政治学研究方法指南[M].陈琪，译.北京：北京大学出版社，2006.

孙多勇.突发事件与行为决策[M].北京：社会科学文献出版社，2007.

孙立平.断裂：20世纪90年代以来的中国社会[M].北京：社会科学文献出版社，2003.

汤玉奇.社会公正论[M].北京：中共中央党校出版社，1990.

唐斯.官僚制内幕[M].郭小聪，等，译.北京：中国人民大学出版社，2006.

童星，张海波.中国转型时期的社会风险及识别[M].南京：南京大学出版社，2007.

托夫勒.权力的转移[M].北京：中共中央党校出版社，1991.

汪玉凯.公共危机与管理[M].北京：中国人事出版社，2006.

王丛虎.公共管理案例分析[M].北京：中国人民大学出版社，2003.

王金柱.构建和谐社会中的效率与公平[M].长沙：湖南人民出版社，2007.

王茂涛.政府危机管理[M].合肥：合肥工业大学出版社，2005.

王绍光.分权的底线[M].北京：中国计划出版社，1997.

韦德.行政法[M].徐炳，等，译.北京：中国大百科全书出版社，1997.

吴爱明.公共管理理论与实践[M].太原：山西人民出版社，2004.

吴宜蓁.危机传播——公共关系与语义观点的理论与实证[M].北京：五南图书出版公司，2002.

吴忠民.社会公正论[M].济南：山东人民出版社，2004.

希斯.危机管理[M].王成，宋炳辉，等，译.北京：学林出版社，2004.

席恒.利益、权力与责任[M].北京：中国社会科学出版社，2006.

肖鹏军.公共危机管理导论[M].北京：中国人民大学出版社，2006.

休斯.公共管理导论[M].北京：中国人民大学出版社，2001.

徐伟新.国家和政府的危机管理[M].南昌：江西人民出版社，2003.

徐显明，齐延平.法制与社会公正[M].济南：山东人民出版社，2007.

徐湘林.渐进政治改革中的政党、政府与社会[M].北京：中信出版社，2004.

许文惠，张成福.危机状态下的政府管理[M].北京：中国人民大学出版社，1998.

薛澜，张强，钟开斌.危机管理——转型期中国面临的挑战[M].北京：清华大学出版社，2003.

薛晓源，周战超.全球化与风险社会[M].北京：社会科学文献出版社，2005.

阎梁，翟昆.社会危机事件处理的理论与实践[M].北京：中共中央党校出版社，2003.

杨海蛟.人类对理想社会的诉求[M].长春：吉林人民出版社，2004.

杨雪冬.风险社会与秩序重建[M].北京：社会科学文献出版社，2006.

叶秉喜，庞亚辉.考验：危机管理定乾坤[M].北京：电子工业出版社，2005.

伊斯顿.政治生活的系统分析[M].王浦劬，等，译.北京：华夏出版社，1999.

应松年.突发公共事件应急处理法律制度研究[M].北京：国家行政学院出版社，2004.

俞可平.治理与善治[M].北京：社会科学文献出版社，2000.

战俊红，张晓辉.中国公共安全管理概论[M].北京：当代中国出版社，2007.

张康之.公共行政中的哲学与伦理[M].北京：中国人民大学出版社，2004.

张小明.公共部门危机管理[M].北京：中国人民大学出版社，2006.

张晓辉.中国公共安全管理概论[M].北京：当代中国出版社，2007.

赵成根.国外大城市危机管理模式研究[M]. 北京：北京大学出版社，2006.

郑杭生.中国人民大学社会发展报告（1994—1995）[M].北京：中国人民大学出版社，1996

中国行政管理学会 2004 年课题组.政府应急管理机制研究 [M].北京：中国政法大学出版社，2006.

中国现代国际关系研究所危机管理与对策研究中心.国际危机管理概论[M].北京：时事出版社，2003.

朱光磊.中国的贫富差距与政府控制[M].上海：上海三联书店，2002.

诸云茂.公共关系与政府[M].上海：上海大学出版社，2002.

（二）报纸文章

陈小丽，彭宗超.政府危机管理，谁来为你“加油”[N].人民网-人民论坛，2005-12-29.

郝建国.谁该对625救灾款问题负责[N].华商报，2006-11-03.

唐昊.危机管理是一种日常行为[N].南方日报，2005-11-30（07）.

吴红梅，吴昌红.公民危机意识应得到强化[N].新华日报，2005-11-24（B02）.

许纪霖."非典"时刻的反思[N].中国青年报，2003-05-28（3）.

元树新.哈尔滨两份内容不一的停水公告出台内情[N].中国青年报，2005-11-24（8）.

郑杭生.和谐社会与社会学[N].人民日报，2004-11-30（3）.

政府积极果断处理危机，公众的信任度明显提高[N].人民日报，2003-05-23.

钟健夫.企业在公共危机中如何做品牌营销[N].中国企业报，2003-07-14（B3）.

周海燕.不平静的春天：数字化的SARS民情[N].南方周末，2003-06-12（5）.

（三）期刊文章

谭君久.关于全球化的思考与讨论[J].马克思主义与现实，1998（5）.

陈迪平.库兹涅茨收入分配假说与我国现实[J].江西社会科学，2004（3）.

王振中.当前的收入分配差距问题不容忽视[J].经济经纬，2005（6）.

易艳阳.我国公共物品供给"非公共"问题[J].合作经济与科技，2007（23）.

吴志敏.和谐社会视野下政府危机管理及构建[J].经济与社会发展，2007（1）.

张成福.公共危机管理：全面整合的模式与中国的战略选择[J].中国行政管理，2003（7）.

马建珍.浅析政府危机管理[J].长江论坛，2003（6）.

杨冠琼.危机性事件的特征、类别与政府危机管理[J].新视野，2003（6）.

文晓霞.从"非典"事件看政府的危机管理[J].求实，2003（7）.

肖鹏英.当代公共危机管理研究的现状及发展趋势[J].贵州社会科学，2006（4）.

江时学.全球化对发展中国家的影响[J].世界经济研究，2000（4）.

林立国.20世纪30年代美国经济危机的历史原因剖析[J].辽宁大学学报（哲学社会科学版），2002（4）.

胡杨.危机管理的理论困境与范式转换[J].郑州大学学报（哲学社会科学版），2007（3）.

李燕凌，陈冬林，周长青.农村公共危机的经济研究及管理机制建设[J].江西农业大学学报（社会科学版），2004（1）.

郑涛.转型期我国面临的公共危机及政府对策[J].城市与减灾，2006（1）.

苏国勋.全球化背景下的文化冲突与共生[J].国外社会科学，2003（3）.

邓宁，杨长春.全球化经济若干反论之调和[J].国际贸易问题，1996（3）.

贝克.从工业社会到风险社会（上篇）[J].马克思主义与现实，2003（3）.

贝克.世界风险社会：失语状态下的思考[J].当代世界与社会主义，2004（2）.

CHRISTENSEN T，LAEGREID P. 后新公共管理改革——作为一种新趋势的整体政府[J]. 中国行政管理，2006（9）.

毕亮亮. “多源流框架”对中国政策过程的解释力——以江浙跨行政区水污染防治合作的政策过程为例[J]. 公共管理学报，2007（4）.

陈瑞莲. 论区域公共管理研究的缘起于发展[J]. 政治学研究，2003（4）.

蔡立辉，龚鸣. 整体政府：分割模式的一场管理革命[J]. 学术研究，2010（5）.

陈睁. 合作政府——英国行政改革的新走向[J]. 东南学术，2002（5）.

陈剩勇，马斌. 区域间政府合作：区域经济一体化的路径选择[J]. 政治学研究，2004（1）.

蔡岚. 缓解地方政府合作困境的合作治理框架构想——以长株潭公交一体化为例[J]. 公共管理学报，2010（4）.

曹满云，戚兴宇. 地方政府间跨区域合作治理中信息不对称问题初探[J]. 乐山师范学院学报，2006（1）.

蔡英辉. 法治视野下的“整体政府”：弥合府际争议的归一之道[J]. 北京工业大学学报（社会科学版），2008（2）.

蔡英辉，耿弘. 步人法政文明的中国横向府际关系探究——以多元省部级政府间关系为例[J]. 中共浙江省委党校学报，2007（5）.

谭海波，蔡立辉. “碎片化”政府管理模式及其改革路径——“整体型政府”的分析视角[J]. 社会科学，2010（8）.

竺乾威. 从新公共管理到整体性治理[J]. 中国行政管理，2008（10）.

张康之. 论合作[J]. 南京大学学报（哲学人文科学社会科学版），2007（5）.

张立荣，曾维和. 当代西方“整体政府”公共服务模式及其借鉴[J]. 中国行政管理，2008（7）.

张建英. 博弈论的发展及其在现实中的应用[J]. 理论探索，2005（2）.

张凌云，齐晔. 地方环境监管困境解释：正式激励与财政约束假说[J]. 中国行政管理，2010（3）.

周业安，赵晓男. 地方政府竞争模式研究——构建地方政府间良性竞争秩序的理论和政策分析[J]. 管理世界，2002（12）.

周飞舟. 分税制十年：制度及其影响[J]. 中国社会科学，2006（6）.

周国雄.公共政策执行阻滞的博弈分析——以环境污染治理为例[J].同济大学学报（社会科学版），2007（8）.

周海炜，钟尉，唐震.我国跨界水污染治理的体制矛盾及其协商解决[J].华中师范大学学报（自然科学版），2006（6）.

曾令发.合作政府后新公共管理时代英国政府改革模式探析[J].国家行政学院学报，2008（2）.

郑巧，肖文涛.协同治理：服务型政府的治道逻辑[J].中国行政管理，2008（7）.

曾维和.从“企业家政府”到“整体政府”——当代西方政府改革组织创新的逻辑及方法[J].华中科技大学学报（社会科学版），2005（5）.

曾维和.整体政府——西方政府改革的新趋向[J].学术界，2008（3）.

张紧跟，唐玉亮.流域治理中的政府间环境协作机制研究——以小东江治理为例[J].公共管理学报，2007（7）.

张紧跟.当代中国地方政府间关系：研究与反思[J].武汉大学学报（哲学社会科学版），2009（7）.

张维迎.让沟通无限——电子政务中的互联互通[J].信息化建设，2004（4）.

张明军，汪伟全.论和谐地方政府间关系的构建：基于府际治理的新视角[J].中国行政管理，2007（11）.

赵永茂.台湾府际关系与跨域治理：文献回顾与策略途径初探[J].政治科学论丛，2003（18）.

周德红.政府公共安全管理体制建设的研究[J].中国水运（学术版），2006（11）.

张强.浅谈我国公共安全保障机制的建设问题[J].国际技术经济研究，2004（4）.

社会保障与法制建设课题组.社会保障与法制建设[J].法学家，1999（4）.

吴忠民.中国社会公正的现状与趋势[J].江海学刊，2005（2）.

高尚全.政府转型与社会再分配[J].今日海南，2006（1）.

康晓光.未来3—5年中国大陆政治稳定性分析[J].战略与管理，2002（3）.

王彩波，李智.论我国社会转型时期的政治稳定机制[J].吉林大学社会科学学报，2002（5）.

转轨时期社会稳定课题组.社会稳定的理论考察[J].学海，2001（5）.

王绍光，胡鞍钢，丁元竹.经济繁荣背后的社会不稳定[J].战略与管理，2002（3）.

唐铁汉.强化政府社会管理职能的思路与对策[J].国家行政学院学报，2005（6）.

胡鞍钢，王磊.经济增长对社会稳定的双向效应[J].新华文摘，2006（4）.

林红.美国“9·11”事件对世界经济及中国经济的影响[J].中共福建省委党校学报，2002（2）.

南开大学SARS对经济影响研究课题组.SARS对中国经济的影响与对策[J].南开学报（哲学社会科学版），2004（4）.

张旭霞.试论政府公信力提升途径[J].南京社会科学，2006（7）.

龚培兴，陈洪生.政府公信力：理念、行为与效率的研究视角——以“非典型性肺炎”防治为例[J].中共中央党校学报，2003（3）.

吴威威.良好的公信力：责任政府的必然追求[J].兰州学刊，2003（6）.

杨雪冬.全球化、风险社会与复合治理[J].马克思主义与现实，2004（4）.

樊富珉.非典危机反应与危机心理干预[J].清华大学学报，2003（4）.

任亮.社会转型期的社会失范行为[J].理论学刊，2007（7）.

李忠荣，淳于淼泠.政府创新危机管理体制的若干要点——日本阪神大地震个案分析[J].重庆大学学报，2005（3）.

许蔓舒.国际危机预警研究综述[J].国际论坛，2006（4）.

王刚.论转型时期的社会分化与整合[J].新疆财经学院学报，2006（2）.

陈尧.当代政府的危机管理[J].行政论坛，2002（4）.

李红梅，曹军，李曼伟.我国政府危机应急管理机制存在的问题及对策[J].信阳农业高等专科学校学报，2006（12）.

王光，秦立强，张明.试论政府应急管理的社会合作机制[J].中国人民公安大学学报（社会科学版），2006（5）.

程绪水.流域机构在应对重大水污染事件中的责任[J].水资源研究，2006（5）.

张小明.论公共危机事前风险管理与评估[J].北京科技大学学报（社会科学版），2007（7）.

王仁富.我国公共危机管理法制现状及完善[J].淮海工学院学报（社会科学版），2006（6）.

贝克.“9·11”事件后的全球风险社会[J].马克思主义与现实，2004（2）.

龙太江.从“对社会动员”到“由社会动员”——危机管理中的动员问题[J].政治与法律，

2005（2）.

邱慧萍.灾难性危机事件的心理干预[J].江西农业大学学报（社会科学版），2004（1）.

徐瑞萍.论现代化进程中的社会风险与危机教育[J].自然辩证法研究，2006（6）.

王晓成.论公共危机中的政府公共关系[J].上海师范大学学报（哲学社会科学版），2003（6）.

王贵秀.创建危机学刍议[J].理论前沿，1996（10）.

刘智勇.创建公共危机管理学的必要性与内容体系的构建[J].理论与改革，2004（5）.

张小明.从SARS事件看公共部门危机管理机制设计[J].北京科技大学学报（社会科学版），2003（3）.

郑杭生，何珊君.和谐社会与公共性：一种社会学视野[J].甘肃理论学刊，2005（1）.

（四）学位论文

詹立炜.台湾跨域治理机制之研究——理论、策略与个案[D].新竹：台湾中华大学经营管理研究所，2004.

王淑军.公共危机管理中的媒体角色研究——SARS危机的启示[D].北京：中国人民大学，2005.

高世屹.媒体在政府危机管理中的作用[D].北京：中国社会科学院，2004.

（五）报告

李毅中.用总书记重要讲话武装头脑指导实践推动工作努力完成安全生产“落实年”“攻坚年”各项任务[EB/OL].（2007-07-243）[2013-01-16]. http://www.gov.cn/gzdt/2007-07/24/content_694693.htm

国家安监总局.全国应急预案体系初步形成[EB/OL].（2007-07-22）[2013-01-16]. http：//www.sina.com.cn.

洪大用.在“政府转型与建设和谐社会”改革形势分析会上的发言[Z]. 2005-02-18.

李天行.国内首家危机管理学院在中央财经大学成立.人民网[EB/OL].（2007-04-03）[2013-01-16].http：//mba.ce.cn/kao/sxypl/200704/03/t20070403_10915611.shtml.

浙江大学公共管理学院.国内首家专门从事非传统安全研究和教学的基地.[EB/OL].（2013-01-16）[2014-01-05]. http：//www.cpa.zju.edu.cn/show.

英文文献

（一）专著

CHRISTENSEN T，LEGREID P. Rebalancing the State：reregulation and the reassertion of the centre[M]. Cheltenham：Edward Elgar Publishing，2006.

GORTNER H F，et al. Organization theory：a public perspective，brooks cole[M]. Philadelphia：Harcourt Brace College Publishers，1989.

HORTON S，FARNHAM D. Public administration in britain[M]. Stuttgart：Macmillan Press LTD，1999.

KRAMER FA. Perspectives on public bureaucracy：a reader on organization[M]. Cambridge，Ma：Winthrop Publishers，1977.

LANE J E. Public sector reform：rationale，trends and problems[M]. London：SAGE Publications，1997.

LOWI J T. The end of liberalism. ideology，policy，and the crisis of public authority[M]. New York：W. W. Norton and Compamy，1969.

MCCANN J E，GALBRAITH J R. Interdepartmental relations the handbook of organizational design [M]. New York：Oxford University Press，1981（2）：60-84.

MULFORD C L, ROGERS D L. Definitions and models[M]. Ames:Iowa State University Press, 1982.

MULGAN G. Joined up government: past, present and future[M]. New York：Oxford University Press, 2006 .

DUNLEAVY P. Digital era governance. it corporations，the State，and e-government. [M]. New York：Oxford University Press，2006.

PERRI 6, et al. Governing in the round: strategies for holistic government [J]. International public management journal,1999,3(1):145-148.

PERRI 6，et al. Towards holistic governance：the new reform agenda[R]. New York：Palgrave，2002.

PERRI 6.Holistic government[M]. London: Demos, 1997.

POTTER B H, DIAMOND J. Guidelines for public expenditures management[M]. Washington: International Monetary Fund, 1999.

WILDAVSKY A.Budgeting: a comparative theory of budgetary process[M].New York: Transaction Publishers, 1997.

（二）期刊文章

ALSTYNE M V. The State of network organization: a survey in three frameworks[J]. Forthcoming in journal of organizational computing, 1997 (73).

ARGOTE L. Input uncertainty and organizational coordination in hospital emergency units[J]. Administrative science quarterly, 1982 (27): 420–434.

BART V, RICHARD S.Blackburn: interdependence: an alternative conceptualization [J]. Academy of management. 1987, 12 (3): 486–497.

BUCHANAN J M. Federalism and individual sovereignty[J]. Journal of cato science, 1995, 1 (15): 2–3.

CASEIARO T. Determinants of governance structure in alliances: the role of strategy, task and pannerun certainties [J].Industrial and corporate change, 2003, 12 (6): 1223–1251.

CHENG J L. Interdependence and coordination in organizations: a role–system analysis[J]. Academy of management journal, 1983 (26): 156– 162.

CHENG J L.Coordination and the performance of research teams: an organizational study[J]. Academy of management proceedings, 1980.

CHENG J L. Organizational coordination and productivity in four european nations[J]. Academy of management proceedings, 1982: 58–62.

GALBRAITH J R. Organization design: an information processing view[J]. Interfaces, 1973, 4 (3): 28–36.

GALBRAITH J R. Designing complex organizations. MA: addison– wesley[J], Journal ACM computing surveys (CSUR), 1994, 26 (1): 87–119.

GITTELL J H. Coordinating mechanisms in care provider groups: relational coordination as a mediator and input uncertainty as a moderator of performance effects[J]. Management science，2002，48（11）：1408–1426.

GITTELL J H. Organizing work to support relational coordination[J]. The international journal of human resource management，2000，11（3）：517–539.

HALLIGAN J. Regeneration in an international context[J]. Australian journal of public administration，2004，64（2）：10–12.

HOLT AW. A new language for the study and implementation of coordination [J]. ACM transactions on of free information systems，1988，6（2）：109–125.

KIM KK. Organizational coordination and performance in hospital accounting information systems：an empirical investigation[J]. The accounting review，1988，63（3）：472–489.

KOCH M, GROSS T. Computer supported cooperative work [J]. Conceptual foundation of cscw systems design，2006：155–200.

MALONE W，CROWSTO M K. What is coordination theory and how can it help design cooperative work systems[J]. ACM conference on computer–supported cooperative work，1990.

MINTZBERG H. Rise and fall of strategie planning[J]. Information systems joumal，1997（4）：277–287.

PERRI 6. Joined–up government in the western world in comparative perspective：a preliminary literature review and exploration[J]. Journal of public administration research and theory，2004，14（1）：103–138.

PERRI 6. What is there to feel? a neo–durkheimian theory of the emotions[J]. European journal of psychotherapy，counselling and health，2003，5（3）：263–290.

PERRI 6. New labour' s modernisation in the public sector：a neo–durkheimian approach and the case of mental health services[J]. Public administration，2004，82（1）：83–108.

PERRI 6. Modernisation：the ten commitments of new labour's approach to public management[J]. International journal of public management，2004，7（1）：1–18.

POLLIT C. Joined–up government：a survey[J]. Political studies review，2004（1）.

POLLITT C. Rationalizing the machinery of government：the conservatives 1970—1974[J]. Political studies，1980（1）.

RICHARD S. The refounding movement in public administration：from “rabid” anti-statism to “mere，anti-statiiam in the 1990s in adminiotrative theory praxis[J]. Administrative theory & praxis，1995，1（17）：1.

SIMATUPANG T M，SANDROTOIV, LUBIS S B H .Supply chain coordination in a fashion firm[J]. Supply chain managemen，2004，9（3）：256-268.

LING T. Delivering joined-up government in the UK dimensions，issues and problems[J]，Public administration，2002，80（4）：615-642.

VEN V D，ANDREW H，ANDRE L. Determinants of coordination modes within organizations[J]. [J]. American sociological review，1976，41（2）：322-338.

VEN V D，ANDREW H，WALKER G. The dynamics of interorganizational coordination[J]. Administrative science quarterly，1984（29）：598-621.

VINCENT I. Collaboration and integrated services in the NSW public sector[J].Austalian journal of public administration，1999：50-54.

WILKINS P. Accountability and joined-up government[J]. Australian journal of public administration，2002，1（61）：114-119.

XU L，VENUEB B. Supply chain coordination and cooperation mechanisms：an attribute-based approach[J]. Journal of supply chain management，2006，42（1）：4-12.

（三）报告

ICTA.Joined-up government overview of main issues[R]. Background Paper For The Videoconference On “Public Sector Transformation Towards Citizen-Centric Joined-up Government：Lessons Learned from UK and India”，2006.

MANAGEMENT ADVISORY COMMITTEE OF AUSTRALIA. Connecting government: whole of government responses JP to Australias priority challenges [EB/OL].（2012-05-01）[2018-08-11]. http: //ww apsc. gov. au/__data/assets/pdf_file/0006/7575/connectinggovernment. Pdf.

PERRI 6. Viable institutions and scope for incoherence[R]. The Value of Inconsistency，Hosted by the Max Planck Institute Project Group on Common Goods: Laws, Politic sand Economics, 2004.

PERRI 6. Can government influence our friendships? the range and limits of tools for trying to shape solidarities in phillipson cr allen g and morgan d, eds[R]. Social Networks And Social Exclusion: Sociological And Policy Issues[Ashgate, Aldershot and London], 2003.